INCUMPRIMENTO RESOLUTÓRIO: UMA INTRODUÇÃO

INCUMPRIMENTO RESOLUTÓRIO: UMA INTRODUÇÃO

2019

Ana Perestrelo de Oliveira
Doutora em Direito
Professora Associada da Faculdade de Direito da Universidade de Lisboa
Investigadora do Centro de Investigação de Direito Privado

Madalena Perestrelo de Oliveira
Doutoranda em Direito
Assistente Convidada da Faculdade de Direito da Universidade de Lisboa
Investigadora do Centro de Investigação de Direito Privado

ALMEDINA

INCUMPRIMENTO RESOLUTÓRIO: UMA INTRODUÇÃO

AUTOR
Ana Perestrelo de Oliveira
Madalena Perestrelo de Oliveira

EDITOR
EDIÇÕES ALMEDINA, S.A.
Rua Fernandes Tomás, nºs 76-80
3000-167 Coimbra
Tel.: 239 851 904 · Fax: 239 851 901
www.almedina.net · editora@almedina.net

DESIGN DE CAPA
FBA.

PRÉ-IMPRESSÃO
EDIÇÕES ALMEDINA, SA

IMPRESSÃO E ACABAMENTO

Junho, 2019

DEPÓSITO LEGAL
....

ALMEDINA | GRUPOALMEDINA

BIBLIOTECA NACIONAL DE PORTUGAL – CATALOGAÇÃO NA PUBLICAÇÃO

OLIVEIRA, Ana Perestrelo, e outro

Incumprimento resolutório : uma introdução / Ana Perestrelo de Oliveira, Madalena Perestrelo de Oliveira. – (Monografias)
ISBN 978-972-40-7924-0

I - OLIVEIRA, Madalena Perestrelo

CDU 347

Para os nossos Pais

ADVERTÊNCIAS

As disposições legais não acompanhadas de indicação da fonte pertencem ao Código Civil, salvo quando resultar diferentemente do contexto.

A bibliografia e jurisprudência estão atualizadas com referência a janeiro de 2019. As ligações para sítios da internet foram consultadas, por último, na mesma data.

A jurisprudência citada sem indicação de fonte pode ser consultada em www.dgsi.pt

1. Introdução

A possibilidade de resolução do contrato por incumprimento continua a suscitar inúmeras dúvidas e dificuldades perante os casos concretos trazidos pela prática. Situamo-nos no âmbito de um dos mais importantes temas relativos à dinâmica e às patologias das relações contratuais: a matéria do cumprimento e não cumprimento e respetivas consequências, em especial a determinação do impacto da preterição do programa contratual na sobrevivência da relação jurídica derivada do contrato.

A aplicação do regime legal da resolução, por si ou conjugadamente com cláusulas contratuais que regulam a matéria, levanta questões que só um claro enquadramento teórico permite resolver. São os casos de resolução fundada em "justa causa" que maiores dificuldades concitam – pela abertura do conceito – e são eles que carecem de um mais amplo desenvolvimento, sem prejuízo da relevância prática das demais situações de incumprimento definitivo que permitem a atuação do instituto.

A pergunta para que procuramos fornecer orientação pode sintetizar-se com facilidade: *o não cumprimento de determinada obrigação contratual justifica, no caso concreto, o direito de a contraparte se desvincular unilateralmente do contrato? Em que condições?*

O direito de resolução constitui, como é sabido, o direito potestativo[1]-[2] do contraente fiel de fazer cessar unilateralmente o contrato por incum-

[1] Cf., *v.g.*, Baptista Machado, *Pressupostos da resolução por incumprimento*, em *Obra Dispersa*, I, Braga, 1991, 125-193, qualificando o direito de resolução como direito potestativo extintivo dependente de um fundamento. Lembrando que "nem sempre a resolução reveste a feição

primento definitivo, por impossibilidade da prestação (artigo 801º)[3] ou alteração das circunstâncias (artigo 437º)[4], mediante uma declaração de vontade (recetícia) dirigida à contraparte, tendencialmente com um duplo efeito liberatório *ex nunc* (a desvinculação do contraente)[5] e restitutório *ex tunc*[6] *(dando origem a uma relação de liqui-*

de um poder vinculado dependente da prova que o legitimado possa fazer do fundamento resolutivo", pois casos há "diferentemente, em que a resolução anda na inteira dependência de um poder discricionário – senão veja-se o exemplo que se recolhe das vendas *a retro*, nos moldes que o nosso direito positivo tipiciza", cf. Jorge Ribeiro de Faria, *A natureza do direito de indemnização cumulável com o direito de resolução dos artigos 801º e 802º do Código Civil*, em *Estudos de direito das obrigações e discursos académicos*, Porto, 2009, 25-62.

[2] Desde logo por isso se distinguindo da condição resolutiva, por exemplo. A resolução, por seu lado, é o ato jurídico (artigo 295º do Código Civil) decorrente do exercício do direito potestativo em causa. Cf., por todos, Romano Martinez, *Da cessação do contrato*, 3ª ed., Coimbra, 2017, 211.

[3] Sobre esta, cf., por todos, Catarina Monteiro Pires, *Impossibilidade da prestação*, Coimbra, 2017, 213 ss.

[4] Cf. *v.g.* o acórdão do STJ de 18-nov.-1999 (Noronha de Nascimento), Proc. 99B852: "a resolução ocorre nos contratos bilaterais quando uma das partes o não cumpre, justificando-se, assim, que a contraparte o rompa (art. 432 do C. Civil) ou quando há uma alteração anormal da base negocial que atinge o equilíbrio das prestações (art. 437 do C. Civil que traz uma nova visão da antiga teoria da imprevisão elaborada na sequência das profundas mutações sócio-económicas ocorridas após a guerra de 1914-1918). A resolução é, por conseguinte, motivada, com efeitos imediatos e retroactivos e sem dependência ou observância de qualquer prazo contratual". Não tratamos aqui os casos de resolução por impossibilidade e alteração das circunstâncias.

[5] O contraente fiel continua a poder, ao abrigo do artigo 801º/2, realizar a sua prestação mesmo depois de a relação contratual entrar na fase liquidatória, solução que já foi qualificada como "algo estranha, mas justificável" por Baptista Machado, *A resolução por incumprimento e a indemnização*, em *Obra Dispersa*, vol. I, Braga, 1991, 195-213 (198).

[6] Aliás, o artigo 432º dispõe mesmo que não pode ser exercido o direito por quem não esteja em condições de restituir o que tenha recebido [sobre o alcance da norma, cf., porém, Catarina Monteiro Pires, *Resolução do contrato por incumprimento e impossibilidade de restituição em espécie*, O Direito 144º (2012), III, 653 -672]. Cf. o artigo 289º/1, *ex vi* do artigo 433º, que consagra uma primazia da restituição em espécie, sem prejuízo da restituição do valor correspondente, quando não seja possível a restituição de "tudo o que tiver sido prestado". Como escreve Ribeiro de Faria, *A natureza* cit., 26, identifica-se uma "ideia legislativa de parificar (até certo ponto) a resolução à nulidade ou anulabilidade" mas na sua "específica forma de retroatividade circunscrita aos efeitos do contrato, e arredada de uma génese que radique ou atinja a própria formação do acordo negocial ou a validade das declarações de vontade, vai a distância que separa a resolução na sua essência da nulidade ou anulabilidade do negócio". O efeito recuperatório é, naturalmente, apenas eventual, na medida em que depende de já ter havido cumprimento das prestações. Cf., sobre ele, Catarina Monteiro

dação[7]*: a Abwicklungsverhältnis*)[8]. Veremos que a resolução, fundada na ideia de *inexigibilidade* inerente ao princípio da boa fé, pode ter lugar independentemente da natureza e características do contrato e da prestação incumprida, contanto que o incumprimento atinja um grau de gravidade significativo (mesmo que não culposo[9]). Observaremos a manifesta amplitude com que o direito está consagrado – ainda que não

Pires, *A prestação restitutória em valor na resolução do contrato por incumprimento*, em *Estudos em homenagem a Miguel Galvão Telles*, vol. II, Coimbra, 2012, 703-722. Cf., por todos, Menezes Cordeiro, *Tratado de Direito Civil IX – Direito das obrigações*, 3ª ed., Coimbra, 2017, 428. A eficácia retroativa não é, porém, necessária, podendo ser afastada pelas partes, além de ser de excluir quando contrarie o fim da resolução (cf. artigo 434º/1); também se o contrato for de execução continuada, ficam ressalvadas as prestações já efetuadas (artigo 434º/2). Sobre as exceções à regra da retroatividade, cf. Romano Martinez, *Da cessação* cit., 179 ss. Como se lê no acórdão da RCb de 21-jan.-2014 (Ferreira Lopes), Proc. 1976/10.5TBMGR.C1: "a resolução do contrato tem efeito retroactivo, salvo se a retroactividade contrariar a vontade das partes ou a finalidade da resolução, devendo ser restituído tudo o que tiver sido prestado ou, se a restituição em espécie não for possível, o valor correspondente".

[7] "O incumprimento definitivo converte a relação de cumprimento em relação de liquidação por forma a colocar as partes na situação que existiria se o contrato não tivesse sido celebrado" [RCb 6-nov.-2007 (Arcanjo Rodrigues), Proc. 1687/04, CJ nº 202, Tomo V/2007]. Desta qualificação tem a jurisprudência retirado consequências: *v.g.*, "a resolução de contrato-promessa por incumprimento, na medida em que não faz desaparecer a relação contratual, antes a converte em relação de liquidação, não implica a caducidade de cláusula penal moratória" [RCb 18-jul.-2006, (Arcanjo Rodrigues), Proc. 522/06, CJ nº 191, Tomo III/2006].

[8] Tem-se sustentado que estes efeitos conduzem à conversão da relação contratual original numa nova obrigação com conteúdo diferente. Cf., *v.g.*, Wolfgang Fikentscher/Andreas Heinemann, *Schuldrecht – Allgemeiner und Besonderer Teil,* 11ª ed., Berlin, 2017, Rn. 529. Em rigor, não chega a desaparecer totalmente o sinalagma inicial, como sublinha Paulo Mota Pinto, *Interesse contratual* II cit., 996, permitindo falar de um "prolongamento do sinalagma". Cf. também, neste sentido, Catarina Monteiro Pires, *A prestação restitutória* cit., 709. Lembre-se Jorge Ribeiro de Faria, *A natureza* cit., 32, quando escreve que "o que de todo em todo não se pode afirmar (...) é que a resolução produza um efeito extintivo *tout court* da situação contratual anterior. Isto é, ou se fale em *substituição legal* ou se fale em *modificação*, tanto monta um ou outro ponto de vista para um conjunto de efeitos práticos obtidos". Como expõe o mesmo Autor, *A natureza da indemnização no caso de resolução do contrato. Novamente a questão*, em *Estudos* cit., 139-199 (197), "não pode retirar-se ou eclipsar-se do mundo das partes as relações que 'realmente' existiram entre os contraentes".

[9] Não se trata, como melhor veremos, de um instituto com características sancionatórias: cf., por todos, Brandão Proença, *Lições de cumprimento e não cumprimento das obrigações*, 2ª ed., Porto, 2017, 362. Sobre a hipótese de resolução em caso de incumprimento sem culpa, cf. Romano Martinez, *Da cessação* cit., 130.

em termos expressos – no nosso ordenamento jurídico. A forma do seu exercício, por seu lado, encontra-se simplificada: a resolução opera por mera declaração à outra parte, sem prejuízo de eventual posterior controlo judicial. O direito é naturalmente irrenunciável *ex ante*: em virtude do artigo 809º do Código Civil e em homenagem ao princípio da boa fé e à proibição de renúncia antecipada a direitos, apenas uma vez constituído pode o seu titular renunciar ao respetivo exercício.

Tendo em conta os efeitos que produz, tem-se dito que, de uma perspetiva económica mas também prática, o remédio resolutório é mais complexo que outros: "não porque estes outros sejam de grande simplicidade mas porque há fatores de complexidade adicional decorrentes do seu próprio funcionamento no plano das consequências"[10].

A complexidade e os custos sociais que dele podem decorrer obrigam a um conjunto de exigências quanto à essencialidade do incumprimento que permitam respeitar o princípio do *favor contractus*. Exige-se um incumprimento qualificado que revista certa intensidade e seriedade quanto à sua relevância e alcance[11].

Constitui nosso objetivo orientar o intérprete-aplicador na tarefa de identificação de um incumprimento "resolutório", ou seja, uma preterição do programa negocial suscetível de fazer nascer o direito de resolução na esfera do contraente fiel, procurando dar resposta ao compromisso essencial da dogmática com a realização prática do direito[12].

Mesmo quando a matéria é regulada no contrato, as dúvidas não são menores. Na verdade, não é raro as cláusulas negociais terem a estrutura e a função próprias da cláusula geral, surgindo como "dúctil critério normativo, cuja correta ativação depende de uma análise da *fattispecie* concreta para verificar, em relação à 'economia compreensiva das operações deduzida no contrato' e às circunstâncias da relação, a efetiva relevância e idoneidade jurídica da lesão do interesse creditório"[13].

[10] Gomez Pomar/Gili Saldaña, *La complejidad económica del remedio resolutorio por incumplimiento contractual. Su trascendencia en el Derecho español de contratos, en la normativa común de compraventa europea (CESL) y en otras propuestas normativas*, Anuario de Derecho Civil, nº 4, 2014, 1218.

[11] Assim, Gomez Pomar/Gili Saldaña, *La complejidad* cit., 1223 e 1224.

[12] Cf. Carneiro da Frada, *Contrato e deveres de protecção*, Separata do volume XXXVIII do Suplemento do Boletim da Faculdade de Direito da Universidade de Coimbra, 1994, 50 e 51.

[13] Claudio Turco, *L'imputabilità e l'importanza dell'inadempimento nella clausola resolutiva*, Torino, 1997, 123.

Impõe-se sempre a apreciação do caso concreto, reclamando-se diretrizes orientadoras para o intérprete-aplicador.

É com o propósito de estabelecer critérios que sirvam de guia nessa análise que apresentamos este texto introdutório, assinalando que o tema se reveste de especial delicadeza e exige uma cuidadosa consideração da situação de incumprimento e da sua relevância na dinâmica da relação contratual concreta, com vista a apurar se a mesma é de índole a justificar a resposta mais radical para as situações de inadimplemento, consistente no exercício do poder potestativo de cessação unilateral da relação, utilizado como "meio de autotutela contra os riscos de um incumprimento (*lato sensu*) que é potenciado nos contratos duradouros"[14].

[14] Brandão Proença, *Lições* cit., 360.

2. Finalidades e excecionalidade da resolução num quadro de *favor contractus*

2.1. A resolução como exigência de respeito pelo programa negocial

Não obstante a restritividade com que o instituto deve ser encarado, a resolução corresponde ainda a pôr em prática o programa contratual. Por isso tem-se apontado que estamos perante meio de defesa da obrigação ou medida de tutela do contrato[15] ou, ainda, que está em causa uma "reorientação do programa"[16]. O contrato implica, na verdade, também uma espécie de "garantia de execução do plano"[17].

A resolução constitui, pois, instrumento compatível com a conceção do contrato como autorregulamento de interesses[18], atuável em situações de alteração do quadro de valores estabelecido pelas partes[19]. A sua razão é a insuscetibilidade de o ordenamento jurídico compactuar com a manutenção dos "estados contratuais alterados", sendo a resolução motivada por fatores supervenientes e exteriores ao próprio "corpo

[15] SCIALOJA/BRANCA, *Commentario codice civile*, Bologna, 2007, sub artt. 1455-1459, 30, nota 4.

[16] HANS LESER, *Lösung vom Vertrag. Eine vergleichende Betrachtung*, em *Recht und Rechtserkenntnis. Festschrift für Ernst Wolf zum 70. Geburtstag*, Köln, Berlin, Bonn, München, 1985, 373-394 (373). A resolução é configurada pelo Autor como "uma parte necessária da adaptação do programa às novas situações criadas pelo incumprimento".

[17] BRANDÃO PROENÇA, *A resolução do contrato no direito civil: do enquadramento e do regime*, Coimbra, 1982, 74.

[18] CLAUDIO TURCO, *L'imputabilità* cit., 128.

[19] CLAUDIO TURCO, *L'imputabilità* cit., 129.

negocial", que geram situações violadoras da disciplina contratual originária[20].

Daí que se deva apontar a racionalidade ou a funcionalização da resolução[21], que surge "para intervir em certas situações 'perturbadoras' da interdependência recíproca obrigacional"[22]. Trata-se sempre de uma perturbação (subjetiva ou objetiva) do primitivo "programa de cumprimento"[23].

Diz-se inclusive, frequentemente, que o fundamento do remédio resolutório é um "defeito funcional da causa que compromete a idoneidade do programa contratual inicial para realizar os interesses dos contraentes, tal como resultam do negócio estipulado" e que "o sinalagma genético, entendido como equilíbrio das prestações nos contratos com prestações correspetivas, é de facto alterado por um vício que sobrevem à celebração do contrato"[24]. Se não está apenas em causa, como veremos, o incumprimento de prestações sinalagmáticas, não deixa de ser a ideia de equilíbrio negocial a presidir à atuação do instituto.

A resolução desempenha, pois, a função de defesa de *ultima ratio* do contraente fiel. Permanece o princípio *pacta sunt servanda* e, portanto, a necessidade de honrar os compromissos negocialmente assumidos, sofrendo o contraente faltoso as consequências gerais da respetiva preterição. A resolução reage à destruição da autorregulamentação de interesses pelas partes, ao mesmo tempo que cumpre uma função preventiva, evitando o agravamento dos danos decorrentes do contrato que resultaria do prolongamento da sua execução: a resolução surge, desse modo, como medida defensiva e preventiva de danos futuros mais extensos. É manifesta a proporcionalidade do meio de tutela ou, se

[20] Brandão Proença, *A resolução* cit., 63.

[21] Brandão Proença, *A resolução* cit., 63.

[22] Brandão Proença, *A resolução* cit. 99, sublinhando também que "o fundamento ético-jurídico e o interesse económico-social do cumprimento recíproco do contrato ou da sua estabilidade, referidos genericamente nos arts. 406º, nº 1, 1ª parte e 762º, do C.C., podem ser postos em crise por situações de inexecução 'subjectiva' ou em hipóteses objetivamente 'injustas'" (p. 63).

[23] Brandão Proença, *A resolução* cit., 177.

[24] Paola Lucantioni, *L'inadempimento di non scarsa importanza nell'esecuzione del contratto c.d. quadro tra teoria generale della risoluzione e statuto normativo dei servizi di investimento,* Banca borsa titoli di credito, Milano, Nuova Serie v.63n.6 (Novembre-Dicembre 2010), Parte seconda, 783-796 (785).

preferirmos, a presença de uma "conexão qualitativamente adequada entre o meio invocado e o resultado desvinculativo pretendido"[25].

Ou seja, apesar da ideia de excecionalidade inerente ao mecanismo resolutório, o recurso a ele é consequência normal da salvaguarda da autonomia negocial e do respeito pelas estipulações das partes.

O caráter de *ultima ratio* significa que o incumprimento relevante para efeitos de resolução assume uma dimensão diferente da de um "normal" incumprimento, conduzindo a uma total eliminação da autorregulação de interesses. Por esse motivo, ao contrário da ação de cumprimento, que visa assegurar ao contraente a composição de interesses programada, a resolução visa "anular" o regulamento de interesses e assegurar ao contraente fiel uma organização do património qualitativamente conforme aos seus (atuais) desideratos[26]. Em consequência, cabe ao juiz avaliar se existe justificação para a cessação da relação ou se o credor deve recorrer à ação de cumprimento e/ou à ação para ressarcimento dos danos.

Não é claro, por vezes, se a resolução deve ser considerada como *extrema ratio* no sentido de ser o remédio que se deve utilizar apenas quando se revelem inúteis os restantes instrumentos[27] ou se pode recorrer-se a ela em situações em que ainda seja possível a ação de cumprimento. Na verdade, entende-se dominantemente que o credor pode eleger o meio mais favorável para a tutela dos seus interesses e pode inclusive modificar a escolha inicialmente formulada: de resto, mesmo a exigência do cumprimento não impede, em princípio, uma resolução posterior; por seu lado, uma indemnização por não cumprimento não preclude o exercício do direito de resolução[28], sem prejuízo das conhecidas dúvidas sobre o seu cômputo, que não abordamos neste escrito.

O que está em causa é uma diretriz de restritividade no uso do instituto. Porém, preenchidos os pressupostos – nomeadamente a gravidade do incumprimento – está na disponibilidade do contraente fiel o recurso à resolução, não obstante o predomínio da tendência para a estabili-

[25] Brandão Proença, *A cláusula resolutiva expressa como síntese da autonomia e da heteronomia (considerações a partir da análise de uma decisão judicial)*, Revista de Ciências Empresariais e Jurídicas, nº 22 (2012), 36.

[26] Assim, Scialoja/Branca, *Commentario* cit., 16.

[27] Paolo Cedon, *Commentario al codice civile*, vol. 4, Turim, 1991, 829.

[28] Brandão Proença, *A resolução* cit., 80, 81 e 83.

dade das relações contratuais, particularmente quando estão implicados interesses socialmente merecedores de tutela[29]. O "núcleo duro" da relação deverá situar-se sempre mais na ação de cumprimento do que na ação de resolução[30]. Todavia, a excecionalidade da resolução espelha-se sobretudo na restritividade com que os pressupostos do instituto estão legalmente construídos. Estando preenchidos, a resolução é possível.

2.2. Da histórica "aversão" à resolução ao seu reconhecimento universal

Nem sempre a resolução foi encarada como instituto normal de salvaguarda das obrigações. Recorde-se que a figura surge historicamente com caráter excecional, o que constitui expressão da tradicional aversão à desvinculação unilateral do negócio jurídico.

O direito romano não só não previa a possibilidade de desvinculação unilateral do contrato seja por *mora debitoris* seja por incumprimento, como essa insuscetibilidade chegou a ser qualificada como "regra de ferro" deste direito[31]-[32]. Apenas se existisse cláusula contratual expressa poderia afastar-se o não cumprimento pela contraparte adimplente: tratava-se aí de uma condição equivalente às demais condições com eficácia resolutória, no contexto da habitualmente designada pelos romanistas como *lex comissoria*[33]-[34]. Não obstante, tem-se apontado que foram as regras romanas relativas ao risco e ao não pagamento do preço que

[29] Giorgio Collura, *Importanza dell'inadempimento e teoria del contratto*, Milano, 1992, 38.

[30] Francesco Delfini, *I patti sulla risoluzione per inadempimento*, Milano, 1998, 44.

[31] Cf. Adolfo di Majo, *Recesso e risoluzione del contratto nella riforma dello Schuldrecht: al di là dell'inadempimento colpevole*, Europa e diritto privato, nº 1, 2004, 13-31 (16), com mais referências.

[32] A regra está sobretudo associada à compra e venda. Menezes Cordeiro, *Tratado* IX cit., 908, aponta, porém, como hipóteses que afastam a ideia de que no direito romano era totalmente excluída a possibilidade de destruição do contrato de compra e venda: (i) o pacto *in diem addictio*, que permitia ao vendedor desfazer a compra caso, dentro de determinado prazo, lhe surgisse uma melhor oferta; (ii) a *lex comissoria*, que facultava ao vendedor reter a coisa na hipótese de o preço não ser tempestivamente pago; (iii) o *pactum displicentiae*, equivalente à compra a contento, pelo qual o comprador dispunha de um prazo para verificar se a coisa era do seu agrado. Sobre a evolução histórica em matéria de resolução, cf. também Romano Martinez, *Da cessação* cit., 68 ss.

[33] George Boyer, *Recherches historiques sur la resolution des contrats*, Paris, 1924, 108 ss.

[34] Aponta-se, porém, a semelhança entre a ação redibitória, decorrente de vícios ocultos da coisa vendida, e a resolução. Cf. Boyer, *Recherches historiques* cit., 148 ss.

forneceram aos juristas posteriores os elementos que permitiram edificar a teoria da resolução.

As origens da teoria da resolução encontram-se na Idade Média, no Direito canónico, fruto da influência das ideias morais no direito das obrigações: a violação de um acordo, solene ou não, constituia não só um pecado, uma falta à luz da lei moral, mas também a inexecução de uma obrigação juridicamente eficaz, desencadeando sanções jurídicas; a inexecução seria punida através de uma inexecução simétrica. Surgia a regra *fragenti fidem fides frangatur eidem* ou *frangenti fidem non est servanda* ("a fé não deve ser guardada a quem não observa a fé"). Foi no final do século XII que se começou a afirmar que todo o compromisso negocial tinha implícitas determinadas condições tácitas e que foi pela primeira vez formulada a teoria canónica da resolução[35]. Num contrato que impõe prestações recíprocas pode razoavelmente admitir-se que cada contratante se quis vincular tendo em vista obter uma vantagem que lhe foi prometida: esta intenção traduz-se, no sistema canónico de interpretação da vontade, através da inserção, no acordo, da condição tácita *si fides servetur*. Se esta condição não se verificar a promessa perde todo o seu efeito obrigacional. A cláusula estaria implícita em todos os negócios, independentemente da sua natureza ou forma.

Paralelamente, expandiu-se o estudo do direito romano sob a influência dos glosadores e dos bartolistas, que não se limitaram a reproduzir servilmente a legislação romana[36]. Em meados do século XIV, Bártolo desenvolveu a teoria da resolução para todos os contratos, ainda que apenas inominados, a partir da *condictio ob causam*. Durante dois séculos, a regra que excluía a resolução dos contratos nominados foi aceite sem discussão, paralisando a inovação doutrinária[37]. Só no final do século XVI a jurisprudência e a doutrina francesa deram à resolução a forma final que aí assumiria, sobretudo através de Dumoulin, que veio admitir a resolução de todos os contratos, nominados ou não, se faltasse a contraprestação em função da qual ocorreu a vinculação. Nos séculos XVII e XVIII firmou-se a ideia de cláusula ou de condição implícita

[35] BOYER, *Recherches historiques* cit., 209 ss.
[36] BOYER, *Recherches historiques* cit., 290 ss.
[37] BOYER, *Recherches historiques* cit., 327.

como fundamento da resolução por inexecução, permitindo a sua aplicação generalizada.

Seguindo esta linha o *Code Civil* de 1804 fixou a possibilidade de resolução de todos os contratos com prestações correspetivas, enquanto condição tácita e dependente de intervenção do Tribunal. Apenas em 2016[38] seria abandonado este esquema tradicional, aproximando o direito francês do direito alemão. Até então, a previsão contratual do direito de desvinculação configurava-se como cláusula resolutiva no sentido em que o contrato deveria entender-se como não concluído, o que significa que foi por via de uma ficção baseada na presença de uma condição (resolutiva) tacitamente aposta que a "resolução" foi tomando o seu lugar.

Surgiu, assim, o modelo judicial de resolução do contrato, que viria a ser adotado noutros sistemas: o direito italiano, por exemplo, veio prever no artigo 1453 que o contraente podia pedir ao juiz a resolução e o ressarcimento do dano. O modelo franco-italiano veio, pois, caracterizar-se pela necessária retroatividade e pela restituição assente no enriquecimento sem causa.

Foi, porém, a doutrina alemã do início do século passado[39] que reconstruiu a disciplina da cessação do contrato por incumprimento, desligando a figura da ficção da condição tácita, que, entre outros, levantava problemas do ponto de vista da resolução legal por incumprimento ou, por exemplo, da restituição, que tinha de ser feita ao abrigo das regras extracontratuais do enriquecimento sem causa, já que a retroatividade privava de causa as prestações. Assim permitiu que o contrato passasse a constituir fonte da obrigação de restituir: a restituição seria reconduzida a uma transformação da orientação da relação sinalagmática primária, aplicando-se à mesma os princípios da relação obrigacional (a *Abwicklungsverhältniss*). Mas só com a Reforma do BGB o modelo teórico da condição foi definitivamente ultrapassado, com as inerentes consequências, *maxime* do prisma dos efeitos. Nesse avanço, a regulação do direito dos contratos europeu e internacional teve um importante papel.

Não obstante, ao lado do modelo germânico da resolução que caminhou no sentido referido de objetivação e flexibilização, o modelo franco-italiano manteve, durante muito tempo, o essencial das suas caracte-

[38] Cf. Menezes Cordeiro, *A reforma francesa do Direito das obrigações*, RDC II (2017), 1, 9-29.
[39] Com destaque *v.g.* para H. Stoll, *Die Wirkungen des verträgsmässigen Rücktritts*, Diss. 1921.

rísticas, continuando a assentar na intervenção do juiz e na aplicação do regime extracontratual do enriquecimento sem causa.

Já o direito português permite a desvinculação unilateral sem dependência de decretamento pelo juiz, sendo o controlo feito *ex post*.

Não obstante as flexibilizações descritas permanece o princípio base da restritividade do recurso à desvinculação unilateral do contrato o que não invalida o reconhecimento universal do direito de resolução.

3. A resolução em ordenamentos jurídicos estrangeiros, no direito europeu e internacional: enquadramento breve

3.1. Direito alemão

Os diferentes sistemas jurídicos apresentam soluções próprias em matéria de resolução por incumprimento[40].

Na Alemanha, após a Reforma do *Schuldrecht*[41], o direito de resolução (*Rücktrittrecht*), legal e convencional, passou a estar previsto nos §§ 323-326 e, quanto aos aspetos procedimentais, no § 349 do BGB, assumindo, desde então, uma relevância mais significativa[42]-[43]. As novas regras já foram, aliás, qualificadas como "uma das mais importantes inovações" da Reforma[44], substituindo o anterior regime fragmentário por uma regulação homogénea e mais adequada[45].

[40] Para um estudo comparado, cf. Dário Moura Vicente, *Direito Comparado*, Vol. II, Obrigações, Coimbra, 2017, 317 ss.

[41] Sobre a reforma, cf. Menezes Cordeiro, *A modernização do direito das obrigações*, ROA Ano 62, Vol. III, Dez. 2002, disponível em https://portal.oa.pt/comunicacao/publicacoes/revista/ano-2002/ano-62-vol-iii-dez-2002/artigos-doutrinais/antonio-menezes-cordeiro-a-modernizacao-do-direito-das-obrigacoes/.

[42] Cf. Dagmar Kaiser, *Die Rechtsfolgen des Rücktritts in der Schuldrechtsreform*, JZ 21/2001, 1057-1070 (1057).

[43] Para uma síntese do regime anterior, cf., por todos, Fikentscher/Heinemann, *Schuldrecht* cit., Rnd. 353 ss.

[44] Canaris, *Teleologie und Systematik der Rücktrittsrechte nach dem BGB*, em *Die richtige Ordnung. Festschrift für Jan Kropholler zum 70. Geburtstag*, Tübingen, 2008, 3-22 (3).

[45] Ainda que tenham surgido dúvidas sobre a teleologia do regime reformado. Cf. Canaris, *Teleologie* cit., 3.

No sistema em vigor, existe incumprimento se um dever for violado, nomeadamente se o devedor não realizar a prestação devida (§ 281 I 1 BGB) ou se incumprir um dever de proteção decorrente do § 241 II (§§ 282, 324). É irrelevante se a prestação é total ou parcialmente incumprida ou é efetuada tardiamente ou em termos defeituosos, visto o devedor estar obrigado à prestação sem defeitos (§§ 433 I 2, 633 I)[46].

Os §§ 323 ss. aplicam-se apenas aos contratos com prestações recíprocas, uma vez que, quando não seja esse o caso, não existem contraprestações cujo destino haja de ser analisado. O § 323 prevê a desvinculação do contraente fiel do contrato, apontando-se, por regra, como fundamento, o nexo sinalagmático entre as prestações[47]. Porém, o § 324 contempla o direito de resolução com fundamento na violação dos referidos deveres de proteção (§ 241 II BGB), em que, por definição, não se encontra numa relação sinalagmática com a prestação incumprida.

O § 326 BGB contêm, assim, um "estatuto unitário"[48] para a resolução legal e convencional, colocando a figura como um "instituto central do direito das obrigações e dos contratos". A Reforma situa-se na linha das grandes coordenadas da Convenção de Viena de 1980 sobre compra e venda internacional de mercadorias, concebendo a resolução com caráter neutro e objetivo. Antes da Reforma, o § 325 exigia, para haver resolução, que existisse uma impossibilidade culposa, requisito que desapareceu ulteriormente: o instituto assume-se como forma flexível de cessação do contrato em caso de prestação (tardia, inexata, impossível ou inexigível) que altere de modo significativo o sinalagma contratual[49]. A justificação para a resolução reside apenas na violação do dever independentemente do respetivo caráter culposo.

Outra diferença importante, em relação ao direito precedente, é que o efeito restitutório deixou de ser concebido com referência à restituição *específica* da coisa recebida sem se prever a restituição de *equivalente* (§ 346 BGB).

Finalmente, tornou-se a restituição compatível com o ressarcimento do dano (§ 325). A Reforma do BGB representou a definitiva superação,

[46] Cf. Fikentscher/Heinemann, *Schuldrecht* cit., Rnd. 368.

[47] Dirk Looschelders, *Schuldrecht. Allgemeiner Teil*, 15ª ed., München, 2017, 252.

[48] Cf. Adolfo di Majo, *Recesso* cit., 14.

[49] Cf. Adolfo di Majo, *Recesso* cit., 26.

como vimos, do modelo teórico do contrato condicionado. Assim, passou a poder cumular-se o pedido de resolução com o pedido de indemnização: o § 325 admite-o expressamente.

Havendo mora, aplica-se o § 323: uma vez que, em princípio, ainda é possível o cumprimento, torna-se necessário atribuir ao devedor uma nova oportunidade para cumprir, fixando-lhe para o efeito um prazo razoável (§ 323 II); se não for possível a fixação de prazo, este deve ser substituído por um aviso. De acordo com o § 323 II 2, também não é requerido fixar um prazo se o cumprimento no prazo inicialmente estipulado for essencial (*wesentlich*). Nem é necessário que tenha sido convencionado no contrato esse caráter essencial, sendo suficiente que resulte do contexto concreto, incluindo de anúncio unilateral do devedor. A norma, embora introduzida no BGB em transposição da Diretiva dos Direitos dos Consumidores, foi concebida em termos de se poder aplicar a todos os contratos e não apenas aos contratos de consumo.

O § 323 IV prevê o direito de resolução antes da data do (in)cumprimento quando é óbvio que as condições para o seu exercício se irão preencher, o que ocorre nomeadamente se o devedor anunciar de forma séria e final que não irá prestar o serviço, visto ser desrazoável exigir que o credor espere por aquela data quando já é sabido à partida que haverá incumprimento.

Caso seja ultrapassado o prazo sem que o credor exija o cumprimento, este não fica excluído exceto se o mesmo declarar a resolução nos termos do § 349. O direito de resolução não é afastado pelo facto de inicialmente o credor ter exigido o cumprimento após o prazo do cumprimento. Não se torna necessário um novo prazo[50].

O direito é exercido por declaração dirigida à outra parte (§ 349), sendo que se uma parte tiver vários sujeitos este tem de ser exercido uniformemente por todos (§ 351). A resolução surge como declaração de vontade e negócio jurídico unilateral, sendo em princípio irrevogável após a sua receção[51]. No caso de direito legal de resolução, ao contrário da resolução convencional, não é possível a fixação à contraparte de um prazo para o seu exercício (§ 350).

[50] LOOSCHELDERS, *Schuldrecht* cit., 262.

[51] DIETER MEDICUS/STEPHAN LORENZ, *Schuldrecht I. Allgemeiner Teil. Ein Studienbuch*, 21ª ed., München, 2015, 274.

3.2. Direito italiano

A matéria encontra-se regulada, no direito italiano, nos artigos 1453 a 1458 do *Codice Civile,* dando a doutrina italiana contributos fundamentais para a sua compreensão.

Prevê-se expressamente que, nos contratos com prestações correspetivas, quando um dos contratantes não cumprir as suas obrigações, o outro pode solicitar o cumprimento ou a resolução do contrato, ressalvando-se, em qualquer caso, a indemnização por danos. Tal o que dispõe o artigo 1453. A resolução pode ser pedida mesmo após ter sido proposta ação tendente ao cumprimento. Pelo contrário, não é possível exigir o cumprimento se tiver sido requerida a resolução. O cumprimento por iniciativa do inadimplente fica também precludido.

O artigo 1454 admite que a contraparte fiel solicite por escrito à parte faltosa que cumpra num prazo adequado, com a declaração de que o contrato será resolvido, sem mais, decorrido inutilmente esse prazo, o qual, por seu lado, não pode ser inferior a quinze dias, salvo acordo em contrário entre as partes ou se, devido à natureza do contrato ou de acordo com os usos, um termo inferior for apropriado. Findo este prazo sem que o contrato seja cumprido, este é resolvido de direito.

Disposição fundamental é a do artigo 1455, que determina que o contrato não pode ser resolvido se o incumprimento de uma das partes é de escassa importância, tendo em conta o interesse da outra. A exigência de que o incumprimento seja de não escassa importância fundamenta ampla e útil doutrina, suscetível de nos apoiar na própria interpretação-aplicação do instituto no direito português.

O direito italiano não deixou por regular também a cláusula resolutiva (artigo 1456), dizendo que as partes contratantes podem concordar expressamente que o contrato será resolvido se uma determinada obrigação não for cumprida nos termos estabelecidos. Neste caso, "a resolução verifica-se de direito quando a parte interessada declara à outra que pretende valer-se da cláusula resolutiva".

Por outro lado, se o prazo fixado para a prestação de uma das partes for considerado essencial no interesse da outra parte, caso esta queira exigir a sua execução apesar do termo do prazo, deve informar a outra parte dentro de três dias, salvo acordo ou uso contrário (artigo 1457). De outro modo, o contrato é considerado resolvido de direito, mesmo que a resolução não tenha sido expressamente acordada.

A resolução do contrato por incumprimento tem efeitos retroativos entre as partes, exceto nos contratos de execução continuada ou periódica, em relação aos quais o efeito de resolução não se estende às prestações já executadas (artigo 1458). Contudo, como se compreende, a resolução, mesmo que tenha sido expressamente acordada, não afeta os direitos adquiridos por terceiros.

Tal, em síntese, o regime resultante do *Codice Civile*.

3.3. Direito francês

Radicalmente diferente foi, até 2016, o modelo francês, que assentava na intervenção do juiz e equiparava, nos termos que já apontámos, a resolução do contrato a uma condição resolutiva implícita em todos os contratos com prestações correspetivas, conforme resultava do artigo 1184 do *Code Civil*. Nos termos desta norma, a condição resolutória subentendia-se sempre nos contratos sinalagmáticos[52], para o caso de uma das partes não cumprir a sua obrigação. Em consequência, o contrato resolver-se-ia de pleno direito. A parte que tivesse cumprido a sua obrigação, podia optar por exigir o cumprimento da obrigação se possível ou pedir a resolução com indemnização por perdas e danos. A resolução deveria ser exercida judicialmente e poderia ser concedido ao demandado um prazo de acordo com as circunstâncias.

A jurisprudência e a doutrina sustentaram uma interpretação extensiva entendendo que a resolução podia ser utilizada em todos os contratos com prestações recíprocas ainda que não sinalagmáticos[53]. Esclareceu-se, ainda, que não era qualquer falta que poderia dar lugar à resolução, mas apenas um incumprimento importante, sendo a noção de importante configurada em termos subjetivos, ou seja, a resolução poderia verificar-se quando a obrigação tivesse aos olhos do credor uma importância tal que este não teria contratado se tivesse sabido que não obteria a respetiva execução. Ou seja, o juiz era levado a interpretar a vontade das partes para aplicar a cláusula resolutória, de modo a afirmar a influência determinante, para a vontade do contratante, da obrigação

[52] Cf. artigo 1102 do *Code Civil*: "o contrato é sinalagmático ou bilateral quando os contratantes se obrigam reciprocamente uns perante os outros".

[53] Boyer, *Recherches historiques* cit., 13 ss.

não cumprida[54]. Surgiam, porém, paralelamente, sentenças a decretar a resolução por a falta ter rompido o equilíbrio das prestações de ambas as partes, por exemplo[55], afastando-se, pois, a corrente subjetiva.

Bem se vê que eram dois os traços distintivos do regime francês: a configuração da resolução como condição tácita implícita nos contratos e a exigência do seu exercício judicial.

Consequência da configuração como cláusula implícita era a possibilidade de exclusão voluntária da resolução em caso de violação das obrigações da contraparte. Naturalmente permanecia o recurso à ação de execução e o direito à indemnização; já haveria nulidade se à exclusão da resolução acrescesse uma cláusula a afastar o direito à indemnização[56].

Em contrapartida, era possível as partes dispensarem expressamente no contrato a ação judicial para obter a resolução.

O regime assentava, no fundo, na referida presunção legal de condição tácita. Sem prejuízo desta natureza jurídica, procurava-se explicações mais profundas: desde o apelo, ele próprio insuficiente, à equidade, até à ideia de causa, também ela passível de múltiplas críticas (sendo a obrigação de uma das partes a *causa* da outra, se uma delas não é cumprida, a obrigação da outra deixaria de ter uma causa). Mesmo a ideia de equivalência económica não era ignorada, no contexto da interpretação da vontade das partes: em princípio estas pretenderam, no contrato oneroso, uma vantagem económica equivalente aos encargos assumidos[57].

Em 2016, a Reforma do *Code Civil* veio aproximar o regime francês da resolução do sistema alemão. A matéria passou a estar regulada nos artigos 1224 ss.

Nos termos do artigo 1224, a resolução resulta da aplicação de uma cláusula resolutiva ou, em caso de inexecução suficientemente grave, de uma notificação do credor ao devedor ou de uma decisão judicial. Já desde 1998, com a sentença *Tocqueville*[58], a resolução unilateral judicial

[54] Boyer, *Recherches historiques* cit., 20.
[55] Boyer, *Recherches historiques* cit., 22 e 23.
[56] Boyer, *Recherches historiques* cit., 25.
[57] Boyer, *Recherches historiques* cit., 45.
[58] Cass. Civ. 1re, 13 oct. 1998, nº 96-21.485.

era admitida pela jurisprudência em caso de uma inexecução suficientemente grave[59].

De acordo com o artigo 1225, a cláusula resolutiva concretiza as obrigações cuja inexecução pode gerar a resolução do contrato. Nestes casos, o juiz é dispensado de avaliar a gravidade do incumprimento para fins de resolução. A resolução está sujeita a uma interpelação infrutuosa, se não tiver sido convencionado que esta resultaria do simples facto do incumprimento.

Dispõe o artigo 1226 que o credor pode, por sua conta e risco (*à ses risques et périls*) resolver o contrato por via de notificação e que, "salvo urgência", deve previamente interpelar o devedor inadimplente para satisfazer as suas obrigações num prazo razoável, devendo na interpelação mencionar expressamente que, na falta de cumprimento, o credor terá o direito de resolver o contrato. Se persistir a inexecução, o credor notifica o devedor da resolução do contrato e dos motivos que a fundamentam. O devedor pode recorrer ao tribunal para contestar a resolução, recaindo sobre o credor o ónus de provar a gravidade do incumprimento: daí a referência à resolução extrajudicial operar por conta e risco do credor. O artigo 1227 permite que a resolução seja, em qualquer caso, pedida judicialmente.

Com a resolução põe-se fim ao contrato, nos termos do artigo 1229. Os seus efeitos produzem-se, consoante o caso, nas condições previstas na cláusula resolutória, ou na data da receção pelo devedor da notificação feita pelo credor, ou ainda na data fixada pelo juiz ou, na sua falta, no dia do pedido ao tribunal.

Não tendo as prestações trocadas utilidade senão com a execução completa do contrato resolvido, as partes devem restituir uma à outra a totalidade do que prestaram; na hipótese contrária, não há lugar à restituição relativamente ao período anterior à última prestação (neste caso a resolução denomina-se *résiliation*). A restituição ocorre de acordo com os artigos 1352 a 1352-9. Abandona-se assim o caráter necessariamente retroativo da resolução, tendo a restituição lugar nos casos legalmente previstos.

[59] Cf. C. FRANÇOIS, *Présentation des articles 1224 à 1230 de la nouvelle subsection 4 "La résolution"*, em *La reforme du droit des contrats présentée par l'IEJ de Paris 1*, https://iej.univ-paris1.fr/openaccess/reforme-contrats/titre3/stitre1/chap4/sect5/ssect4-resolution/[consultado em 11.09.2018].

3.4. Direito inglês: da separação entre *conditions* e *warranties* à flexibilidade do *fundamental breach of contract*

Como já se tem escrito, "a aproximação do direito inglês à cessação do contrato é relativamente liberal"[60]. Admite-se a resolução do contrato pela parte fiel quando exista cláusula resolutiva (*termination clause*) ou incumprimento essencial (*fundamental breach*). Diferentemente dos direitos continentais (e da *rescission* anglo-saxónica[61]), o *right to terminate* não tem cariz retroativo.

Distingue-se, tradicionalmente, dentro das cláusulas contratuais ou *terms of contracts*, entre as *conditions* e as *warranties*: as primeiras correspondem a obrigações de significado essencial, por respeitarem diretamente à substância do contrato e "essenciais pela sua natureza"[62]; as segundas equivalem a obrigações acessórias e com importância supostamente menor para o fim principal do contrato e por isso com significado inferior. A violação de uma *warranty* apenas seria relevante para efeitos indemnizatórios mas não daria causa à resolução do contrato. Se fosse decretada unilateralmente a resolução por incumprimento de uma *condition,* o juiz ainda poderia vir a declarar judicialmente o contrato como resolvido mas não no caso de preterição de uma *warranty,* em que o tribunal determina que o contrato não cessou[63]-[64].

Posteriormente o conceito de *fundamental breach* deixou de estar associado ao incumprimento de uma obrigação principal, passando a relevar antes o facto de a parte fiel ficar privada de componente substancial do negócio, do benefício que esperava obter com a execução do contrato: atende-se à importância de que o incumprimento se reveste na economia do contrato, indo às raízes do contrato (*to the root of the contract*), o

[60] Solène Rowan, *Remedies for breach of contracts. A comparative analysis of the protection performance,* Oxford, 2012, 78. A afirmação é especialmente correta se o termo de comparação for o tradicional direito francês; já em face dos direitos continentais e das regras hoje vigentes em França, o regime inglês dificilmente pode ser qualificado como "liberal"

[61] Esta pressupõe a invalidade do contrato (*v.g.*, por *misrepresentation*).

[62] *Wallis, Son & Wells v Pratt & Haynes* [1910] 2 KB 1003 (CA) 1012; *LG Schuler AG v Wickmann Machine Tool Sales Ltd* [1974] AC 235 (HL) 264.

[63] Cf. Lorenzo Bertino, *Le clausole sulla non scarsa importanza dell'inadempimento,* Padova, 2016, 82 ss.

[64] Para amplos e detalhados desenvolvimentos, cf. J.W. Carter, *Carter's breach of contract* cit., [4-01 ss.]

que dependerá de múltiplos fatores[65]. Assim, pode haver um incumprimento fundamental de uma obrigação acessória. Concluiu-se, de facto, que a separação entre *conditions* e *warranties* nem sempre funcionava e que frequentemente os termos contratuais não se enquadravam numa ou noutra categoria, sendo antes termos "inominados" ou "intermédios", "que apenas devem dar direito à resolução quando as consequências do incumprimento são tão graves que privam substancialmente o outro contraente de todo o benefício que podia esperar do contrato. Alargou-se, por isso, o campo de atuação da *termination*[66].

3.5. "Novo direito dos contratos" (internacional e europeu)

A resolução do contrato surge regulada com razoável desenvolvimento nos instrumentos que compõem o habitualmente chamado "novo direito (internacional e europeu) dos contratos"[67]: pensamos especialmente na Convenção de Viena de 1980 sobre compra e venda internacional de mercadorias, nos Princípios Unidroit sobre contratos comerciais internacionais e nos Princípios de Direito Contratual Europeu (PECL – *Principles of European Contract Law*). A matéria encontra-se igualmente no Projeto de Quadro Comum de Referência (DCFR – *Draft Common Frame of Reference*) e na Proposta de Regulamento do Parlamento Europeu e do Conselho sobre compra e venda europeia (2011)[68].

[65] Cf. Bertino, *Le clausole* cit., 83. Cf. *Hong Kong Fir Shipping Co v Kawasaki Kisen Kaisha*, 1962, 2 Q.B., 26 CA. As questões consistiam, no caso, em saber se determinada obrigação correspondia a uma *condition* do contrato, cujo incumprimento seria suscetível de permitir a resolução e se um incumprimento causado por atrasos de determinada monta eram suficientes para considerar o contrato como resolvido. O Tribunal entendeu que saber se existe uma condição essencial que permite a resolução depende de uma avaliação global do contrato de forma a determinar a intenção das partes no tratamento da cláusula. Os atrasos – mesmo que significativos – não podiam ser considerados como provocando a resolução se não frustrassem a realização do fim contratual. O que está em causa é sempre verificar o impacto da obrigação violada e do incumprimento no contrato mais do que uma conceptualização formal enquanto *condition* ou *warranty*.

[66] Cf. Rowan, *Remedies* cit., 73; Carter, *Carter's breach of contract* cit., [6-01 ss.].

[67] Cf., *v.g.*, Lis Paula San Miguel Pradera, *La resolución por incumplimiento en la propuesta para la modernización del derecho de obligaciones y contratos : lo mejor es enemigo de lo bueno*, Anuario de derecho civil, Madrid, t. 64 n.4 (Octubre-diciembre 2011), 1685-1724 (1687 ss.).

[68] Sobre o tema que aqui nos ocupa, cf. também, *v.g.*, Stephan Lorenz, *Prospettive del diritto europeo dei contratte: la violazione di un obligo*, Rivista di Diritto Civile, Ano LVI, nº 1 jan.-fev., 2010, 93-114.

3.5.1. Convenção de Viena sobre compra e venda internacional de mercadorias (CISG)

No plano internacional, a Convenção de Viena de 1980 sobre compra e venda internacional de mercadorias apresenta um conjunto de regras de referência importantes que assentam na ideia central de que a resolução pode ocorrer quando exista um incumprimento *fundamental*.

Nos termos do artigo 25, uma violação do contrato cometida por uma das partes é fundamental quando causa à outra parte um prejuízo tal que a prive substancialmente daquilo que lhe era legítimo esperar do contrato, salvo se a parte faltosa não previu esse resultado e se uma pessoa razoável, com idêntica qualificação e colocada na mesma situação, não o tivesse igualmente previsto.

O próprio texto legislativo lança luz sobre as características de um incumprimento fundamental ou essencial: aquele que, por um lado, conduz à perda do interesse do credor desde que, por outro lado, esse resultado fosse previsível pelo devedor ou por pessoa razoável no seu lugar[69]-[70]. O artigo 25 consagra uma definição subjetiva da materialidade/ /essencialidade da violação, de acordo com a qual os critérios relevantes devem basear-se em dados objetivos. Ambas as componentes do conceito são expressão de um conceito uniforme que toma em conta os interesses das duas partes no contrato, fazendo uma ponderação compreensiva entre eles. Do lado do credor, é necessário identificar as obrigações e as expetativas objetivamente resultantes dos termos do contrato. Do lado do devedor, impõe-se determinar se essas expetativas eram para si previsíveis, surgindo o apelo a uma pessoa razoável equiparável como importante corretivo. Em última análise do que se trata é de apurar se é razoável terminar o contrato ou se, pelo contrário, a sua manutenção é mais adequada[71]. A justificação dogmática da resolução, também aqui, parte do sinalagma contratual[72].

[69] Cf. Bertrand Botzenhardt, *Die Auslegung des Begriffs der wesentlichen Vertragsverletzung im UN-Kaufrecht*, Frankfurt am Main-Berlin-Bern-New York-Paris-Wien, 1998, 166.

[70] Cf. Sörren Claas Kiene, *Vertragsaufhebung und Rücktritt des Käufers im UN-Kaufrecht und BGB. Eine rechtsvergleichende Untersuchung*, Münster, 2009, 68, apontando que a exigência ainda é mais importante que no direito anterior, defrontando-se com a dificuldade de consagrar um *Tatbestand* unitário aplicável a uma série de perturbações da prestação.

[71] Bertrand Botzenhardt, *Die Auslegung* cit., 259.

[72] Cf. Markus Krebs, *Die Rückabwicklung im UN-Kaufrecht*, München, 2000, 21.

No que respeita ao exercício do direito, dispõe o artigo 26 que uma declaração de resolução do contrato apenas se torna eficaz quando notificada à outra parte. Já em relação aos efeitos, rege o artigo 81: a resolução do contrato liberta ambas as partes das obrigações dele decorrentes sem prejuízo de qualquer indemnização por perdas e danos que possa ser devida; a resolução não afeta, clarifica-se, quaisquer estipulações do contrato relativas à solução dos diferendos ou aos direitos e obrigações das partes em caso de resolução. A parte que executou total ou parcialmente o contrato pode reclamar da outra parte a restituição de tudo aquilo que forneceu ou pagou a título de cumprimento. Se ambas as partes estiverem obrigadas a proceder a restituições, devem efetuá-las simultaneamente.

Concretizando, o artigo 49 elenca os casos em que o *comprador* pode declarar o contrato resolvido[73]:

a) se a inexecução pelo vendedor de qualquer uma das obrigações que resultam para ele do contrato ou da Convenção constituir uma *violação fundamental* do contrato; ou
b) em caso de falta de entrega de mercadorias pelo vendedor e este não as entregar no prazo suplementar concedido pelo comprador, de acordo com o parágrafo 1 do artigo 47, ou se declarar que não as entregará dentro desse prazo.

Por seu turno, a resolução pelo vendedor encontra-se regulada no artigo 64, que permite que a mesma tenha lugar[74]:

a) se a inexecução pelo comprador de qualquer uma das obrigações que resultam para ele do contrato ou da Convenção constituir uma *violação fundamental* do contrato; ou
b) se o comprador não executar a sua obrigação de pagar o preço ou não aceitar a entrega das mercadorias no prazo suplementar concedido pelo vendedor, de acordo com o parágrafo 1 do artigo 63, ou se declarar que não o fará nesse prazo.

O artigo 72 prevê que, se antes da data do cumprimento do contrato, for manifesto que uma parte cometerá uma violação fundamental do contrato, a outra parte pode declarar a resolução deste.

[73] O nº 2 do mesmo artigo clarifica as situações em que o comprador pode perder o direito de resolução quando o vendedor entregou as mercadorias.

[74] Os casos em que houve pagamento do preço estão regulados no nº 2.

Atente-se ainda no artigo 73 que determina que nos contratos com prestações sucessivas, se a inexecução por uma das partes de qualquer das suas obrigações relativas a uma prestação constituir uma violação fundamental do contrato no que respeita a esta prestação, a outra parte pode declarar a resolução do contrato em relação a tal prestação. Se houver sérias razões para concluir que uma violação fundamental do contrato terá lugar no que toca às prestações futuras, pode declarar a resolução do contrato para o futuro, desde que o faça num prazo razoável. O comprador que declarar a resolução do contrato relativamente a qualquer prestação pode, ao mesmo tempo, declará-lo resolvido relativamente às prestações já efetuadas ou às prestações futuras se, em virtude da sua interdependência, estas prestações não puderem ser utilizadas para o fim previsto pelas partes no momento da conclusão do contrato.

3.5.2. Princípios Unidroit

A matéria da resolução por incumprimento é igualmente regulada, através de um conjunto de regras cuja importância é significativa, nos Princípios Unidroit relativos aos contratos comerciais internacionais (versão 2010), que constituem um importante instrumento de *soft law*, com regras sobre contratos mercantis internacionais aplicáveis por acordo das partes, e que contêm diversas disposições de interesse para a nossa análise.

Assim, nos termos do artigo 7.1.1, o inadimplemento consiste na quebra por uma parte de quaisquer de suas obrigações contratuais, incluindo a prestação defeituosa ou a prestação tardia.

O artigo 7.1.5 regula o prazo adicional para adimplemento, prevendo que, em caso de não cumprimento, a parte prejudicada pode, mediante notificação, conceder à parte contrária um prazo adicional (nº 1). No decurso deste, a parte prejudicada pode suspender o adimplemento das suas próprias e recíprocas obrigações e pedir uma indemnização por perdas e danos, mas não pode recorrer a nenhuma outra medida jurídica. Caso receba aviso da parte contrária de que esta não irá cumprir as suas obrigações naquele prazo, ou, se expirado o prazo, a prestação devida não tiver sido realizada, é permitido à parte prejudicada recorrer a quaisquer das medidas jurídicas que estejam disponíveis (nº 2).

Na hipótese de o atraso no cumprimento não ser essencial, o nº 3 do artigo 7.1.5. prevê que a parte prejudicada que tiver notificado o inadimplente, concedendo-lhe prazo razoável, tem direito a extinguir o contrato ao fim deste prazo. Se o prazo concedido não for razoável, deverá ser estendido para uma duração razoável. A parte prejudicada pode, na sua notificação, determinar que, se a parte contrária não cumprir no prazo concedido, o contrato extinguir-se-á automaticamente. O nº 4 esclarece que a regra anterior não se aplica aos casos em que a obrigação não cumprida corresponda a uma mínima parte das obrigações contratuais da parte inadimplente.

Em contrapartida, se o incumprimento for essencial, o artigo 7.3.1. prevê que a contraparte pode extinguir o contrato. Nos termos do nº 2 deste artigo, para avaliar o caráter *essencial* deve verificar-se especialmente se:

a) o inadimplemento priva substancialmente a parte prejudicada daquilo que poderia esperar do contrato, a menos que a outra parte não tenha previsto e não pudesse ter razoavelmente previsto tal resultado;
b) o adimplemento nos exatos termos da obrigação não cumprida é da essência do contrato;
c) o inadimplemento é doloso ou culposo;
d) o inadimplemento dá à parte prejudicada motivo para acreditar que não pode confiar no adimplemento futuro da outra parte;
e) a parte inadimplente sofrerá excessivas perdas em consequência da preparação para o cumprimento ou dele próprio, caso o contrato seja extinto.

Quanto ao modo como se processa, o artigo 7.3.2. prevê que a extinção do contrato é exercida mediante notificação à contraparte.

Interessante é a regra do artigo 7.3.3. sobre o incumprimento antecipado, onde se estabelece expressamente que uma parte poderá extinguir o contrato, se, anteriormente ao termo da respetiva execução, resultar claro que haverá incumprimento essencial pela outra parte.

Por seu lado, estabelece o artigo 7.3.4 que uma parte que acredite razoavelmente que haverá inadimplemento essencial pela outra parte pode exigir garantia adequada do adimplemento e, nesse entretempo, suspender a execução da sua própria obrigação. Se a garantia não for dada dentro de prazo razoável, a parte que a exigiu pode extinguir o contrato.

Em conformidade com o artigo 7.3.5, havendo extinção, ambas as partes ficam liberadas das suas obrigações de realizar e de receber o cumprimento futuro mas não fica prejudicado o direito à indemnização.

Resta acrescentar que o artigo 7.3.6 determina que, com a extinção de um contrato a ser incumprido num só momento, qualquer parte pode exigir a restituição do que prestou, desde que concomitantemente restitua o que tiver recebido. Se a restituição em espécie não for possível ou apropriada, será realizada em dinheiro, sempre que razoável. Diferentemente, se o contrato for de execução continuada, a restituição poderá ser exigida apenas em relação ao período posterior à efetiva extinção do contrato, desde que este seja divisível.

3.5.3. Princípios de Direito Europeu dos Contratos

No que respeita agora aos Princípios de Direito Europeu dos Contratos, nos termos do artigo 9:301, o direito de fazer cessar o contrato existe quando o incumprimento da outra parte for "fundamental", sendo o direito exercido mediante notificação à outra parte (artigo 9:303). O direito decai se não for exercido num prazo razoável após o contraente fiel conhecer ou dever conhecer o incumprimento.

Também aqui se estabelece que, se antes do tempo do cumprimento se tornar claro que existirá um incumprimento fundamental, a outra parte pode fazer cessar o contrato (artigo 9:304).

A cessação do contrato libera ambas as partes, de acordo com o artigo 9:305, da obrigação de realizar e receber futuras prestações mas não afeta os direitos e responsabilidades anteriores.

O artigo 8:102 esclarece que o exercício do direito à resolução (entre outros) não exclui o direito à indemnização.

Por seu lado, o artigo 8:103 regula o caráter "fundamental" do não cumprimento, determinando que este ocorre quando o cumprimento estrito da obrigação seja da "essência do contrato" ou quando o não cumprimento priva substancialmente o sujeito daquilo a que tinha direito ao abrigo do contrato, salvo se a outra parte não tiver previsto nem pudesse razoavelmente prever esse resultado. Em alternativa, o incumprimento é fundamental quando tenha sido intencional e dê razão para acreditar que não é possível confiar no cumprimento futuro pelo sujeito incumpridor.

Se uma parte razoavelmente acreditar que haverá um incumprimento fundamental pela contraparte tem direito de exigir garantias adequadas do cumprimento e de suspender a execução das suas próprias obrigações enquanto permanecer essa convicção razoável.

O artigo 8:106 regula a fixação de prazo adicional em caso de incumprimento, permitindo a suspensão das obrigações recíprocas mas não o recurso a outros meios de reação. Terminado esse período, o incumprimento que inicialmente não era fundamental passa a dar direito a fazer cessar o contrato.

Permite-se a existência de cláusulas contratuais a excluir ou restringir alguns meios de reação ao incumprimento desde que invocar a exclusão ou restrição não seja contrário à boa fé e ao *fair dealing* (artigo 8:109).

Os PECL alicerçaram em parte, como se sabe, o Projeto de Quadro Comum de Referência (DCFR), elaborado pelo Grupo de Estudo sobre um Código Civil Europeu e a Comissão Lando, em cooperação com outras instituições, visando servir de base à codificação do Direito dos contratos europeu e áreas jurídicas conexas. O artigo 3:502 DCFR regula a cessação do contrato por incumprimento fundamental (*termination for fundamental non-performance*), permitindo ao credor pôr termo ao contrato quando o incumprimento de uma obrigação seja fundamental, o que acontece, igualmente, quando este o prive substancialmente daquilo que esperava legitimamente, quanto à totalidade ou parte da execução, exceto se não tiver previsto nem pudesse razoavelmente prever esse resultado ou quando tenha sido intencional ou negligente e dê ao credor razões para suspeitar que não pode confiar no cumprimento futuro[75]. Aqui como nos demais aspetos a regulamentação é equivalente à dos PECL.

3.5.4. Proposta de Regulamento do Parlamento Europeu e do Conselho relativo a um Direito Europeu Comum da compra e venda

Para terminar, importa chamar também a atenção para a Proposta de Regulamento do Parlamento Europeu e do Conselho relativo a um Direito Europeu Comum da compra e venda[76]. Como se lê nos Considerandos da Proposta, "existem ainda obstáculos consideráveis à actividade económica transfronteiriça que impedem o pleno desenvolvimento do potencial de

[75] Cf., com mais desenvolvimentos sobre o tema, Assunção Cristas, *Incumprimento contratual. O Código Civil Português e o DCFR – notas comparadas*, em *Estudos em homenagem ao Professor Doutor Carlos Ferreira de Almeida*, vol. II, Coimbra, 2011, 239-266.

[76] 11.10.2011 COM (2011) 635 final.

crescimento e de criação de emprego do mercado interno. A existência de diferentes direitos nacionais dos contratos desencoraja o exercício de alguns direitos fundamentais, como a liberdade de fornecer bens e serviços, constituindo um entrave ao funcionamento e ao desenvolvimento permanente do mercado interno" (Considerando 1). Nos termos do Considerando 8, "para superar os obstáculos relacionados com o direito dos contratos, as partes devem poder escolher que os seus contratos sejam regidos por um conjunto uniforme de normas de direito dos contratos com a mesma acepção e interpretação em todos os Estados-Membros: um direito europeu comum da compra e venda. Este direito comum deve constituir uma opção adicional, aumentando a possibilidade de escolha à disposição das partes, que podem aplicá-la livremente sempre que o considerem útil para facilitar o comércio transfronteiriço e reduzir os custos de transacção e de oportunidade, bem como outros obstáculos ao comércio transfronteiriço relacionados com o direito dos contratos. Deve constituir a base da relação contratual apenas se as partes tiverem decidido conjuntamente aplicá-lo".

Neste contexto, como se expõe no Considerando 9 do Regulamento, estabelece-se um direito europeu comum da compra e venda, harmonizando os direitos dos contratos dos Estados-Membros, não através da imposição de alterações ao direito dos contratos nacionais preexistentes, mas sim criando no interior do direito nacional de cada Estado-Membro um segundo regime de direito dos contratos aplicável aos contratos abrangidos pelo seu âmbito de aplicação. Ou seja, este regime conviveria em paralelo com as regras nacionais já existentes e a sua aplicação seria voluntária, resultando do acordo expresso das partes.

Especificamente quanto ao tema do incumprimento, dispõe o Considerando 33 que "o direito europeu comum da compra e venda deve prever soluções equilibradas que tenham em conta os interesses legítimos das partes ao determinarem e exercerem os meios de defesa disponíveis em caso de incumprimento do contrato. Nos contratos entre empresas e consumidores, esses meios de defesa devem ter em conta o facto de a falta de conformidade dos bens, conteúdos digitais ou serviços ser da responsabilidade do profissional".

A matéria da resolução encontra-se prevista no artigo 8º, onde se determina que este conceito "significa a cessação dos direitos e obrigações contratuais das partes, com excepção dos decorrentes de qualquer cláusula contratual de resolução de litígios ou qualquer outra cláusula contratual que deva aplicar-se mesmo após a resolução do contrato" (nº 1). Nos termos do nº 2, os pagamentos devidos e a indemnização por um eventual incumprimento do contrato antes da sua resolução continuam a ser exigíveis. Se a resolução resultar de incumprimento ou de incumprimento previsível, a parte que resolve o contrato tem igualmente direito a uma indemnização em vez do cumprimento futuro pela outra parte" (nº 2).

Os efeitos da resolução surgem regulados na Parte VII, cujo artigo 172º dispõe que "sempre que um contrato seja anulado ou resolvido por qualquer uma das partes, cada parte é obrigada a devolver o que essa parte ('beneficiário') recebeu da outra parte", incluindo os frutos naturais e legais. "Em caso de resolução de um contrato relativo a um cumprimento em fracções ou partes, não se exige a devolução do que foi recebido em relação a qualquer fracção ou parte quando as obrigações de ambas as partes tenham sido correctamente cumpridas, ou quando o preço relativo à fracção executada continua a ser exigível nos termos do artigo 8º, nº 2, salvo se a natureza do contrato for tal que o cumprimento parcial não tem qualquer valor para uma das partes".

4. A resolução no ordenamento jurídico português

4.1. Aspetos gerais

No ordenamento jurídico português, a resolução por não cumprimento não está expressamente prevista de forma genérica. O artigo 801º do Código Civil contempla, porém, a resolução por impossibilidade imputável ao devedor[77]-[78], estendendo-se o regime, sem dificuldade, ao incumprimento definitivo[79]. Está em causa, afinal, na linha de GALVÃO

[77] Nos termos desta norma, "tornando-se impossível a prestação por causa imputável ao devedor, é este responsável como se faltasse culposamente ao cumprimento da obrigação" (nº 1); "tendo a obrigação por fonte um contrato bilateral, o credor, independentemente do direito à indemnização, pode resolver o contrato e, se já tiver realizado a sua prestação, exigir a restituição dela por inteiro" (nº 2). Para uma visão sintética e transversal do quadro jurídico português em matéria de incumprimento, cf. CALVÃO DA SILVA, *Não cumprimento das obrigações*, em *Comemorações dos 35 anos do Código Civil e dos 25 anos da reforma de 1977*, vol. III, Coimbra, 2006, 483-494.

[78] Não chegou a integrar a versão definitiva do Código Civil a previsão anteriormente constante do artigo 793º do anteprojeto (que, por razões desconhecidas, foi eliminada na 1ª revisão ministerial), que determinava que "ao direito de recusar a prestação tardia e exigir indemnização por não cumprimento são extensivas, na parte aplicável, as disposições relativas ao direito de resolução". Na 2ª revisão ministerial, propôs-se uma nova regra, correspondente ao então artigo 808º/1, segundo a qual "se o credor, em consequência da mora, perder o interesse que tinha na prestação, ou esta não for realizada dentro do prazo que razoavelmente for fixado pelo credor, considera-se para todos os efeitos impossível o cumprimento". Assim se alcançava a solução da resolução ainda que pela via indireta da impossibilidade A norma acabou por não passar, nestes termos, para a versão definitiva. Sobre esta evolução do processo legislativo, cf. MENEZES CORDEIRO, *Tratado* IX cit., 917.

[79] Cf., por todos e com múltiplas referências bibliográficas, MENEZES CORDEIRO, *Tratado de direito civil português*, II, 4ª ed., Coimbra 2014, II, IV, 138 ss; LUÍS MENEZES LEITÃO, *Direito*

Telles[80], a "interdependência das obrigações sinalagmáticas, pelo que seria absurdo que a interdependência conduzisse à resolução do contrato quando uma das partes deixasse de o respeitar por se colocar na impossibilidade de o cumprir e não quando voluntariamente o violasse". Não obstante o acerto da observação, tal como consagrada no artigo 432º do Código Civil, a resolução não fica circunscrita à desvinculação de prestações recíprocas e mesmo prestações secundárias e deveres acessórios, quando violados, podem gerar o direito de resolução, preenchidos os pressupostos adicionais expressivos da gravidade do incumprimento. Como já tem afirmado o STJ, "o incumprimento dos deveres acessórios da prestação principal (...) pode gerar mora ou incumprimento definitivo, se o mesmo determinar o retardamento ou incumprimento definitivo da obrigação principal que visa preparar ou cujo cumprimento visa assegurar"[81]-[82]. Sendo suficientemente grave, surge a hipótese de

das obrigações, II, 12ª ed., Coimbra, 2018, 266. O ponto é consensual e não carece, aqui, de especiais desenvolvimentos.

[80] Inocêncio Galvão Telles, *Direito das obrigações*, 7ª ed., Coimbra, 1997, 455.

[81] Cf. Acórdão do STJ de 28-jun.-2011 (Moreira Alves), Proc. 208/05.2TCFUN.L1.S1. A possibilidade de resolução por incumprimento de deveres acessórios ou laterais não oferece, bem se vê, dificuldades à jurisprudência nacional. Como também se pode ler, por exemplo, no acórdão do STJ de 12-jan.-2017 (Lopes do Rego), Proc. 40/13.0TBBBR.C1.S1, "apurado, per determinação da vontade das partes, que certo contrato promessa, tendo embora como objecto imediato a alienação de um prédio rústico indiviso, comportou a assunção de um dever lateral ou acessório, por parte do promitente vendedor, de providenciar pelo respectivo loteamento, constitui incumprimento definitivo de tal obrigação a circunstância de a parte, que já recebeu a totalidade do preço, ter deixado, ao longo de vários anos, de providenciar pelo loteamento, legitimando a resolução do negócio pela contraparte, com base na violação das regras da boa fé contratual e na inexigibilidade de manutenção do contrato". Cf., também a título de exemplo, o acórdão do STJ de 27-nov.-2018 (Graça Amaral), Proc. 4724/10.6TBSTB.E1.S1: "no negócio jurídico bilateral, de onde emergem direitos e deveres para cada uma das partes, a avaliação do incumprimento contratual não se confina aos deveres principais adstritos às respectivas partes, estendendo-se, necessariamente, aos deveres acessórios ou complementares ínsitos nas estipulações contratuais e aos que decorrem do desígnio da própria vinculação contratual (deveres inerentes à dinâmica negocial assentes no princípio de boa-fé e num critério ético-normativo de razoabilidade)". No acórdão do STJ de 9-mai.-2006 (Urbano Aquiles Lopes Dias), Proc. 37/069, CJ nº 192, Tomo II/2006, escreve-se igualmente que "a falta de cumprimento do dever acessório pode ser causa de resolução por incumprimento do contrato".

[82] Cf., porém, o acórdão da RPt 7-nov.-2002 (Xavier Silvano), Proc.1339/02, CJ Tomo V/2002, segundo o qual "não é justo que à falta de cumprimento de obrigações secundárias, em relação à obrigação principal, se responda com a recusa total da prestação, uma vez que deve

desvinculação unilateral[83]. O mesmo se diga do incumprimento parcial, que pode, ele próprio permitir a resolução, desde que suficientemente relevante tendo em conta a dinâmica da relação obrigacional como um todo[84].

O instituto da resolução é, acima de tudo, expressão do princípio da boa fé[85] e de uma ideia mais profunda de inexigibilidade de manutenção de um vínculo contratual que se revela desequilibrado e incapaz de realizar materialmente os interesses da parte adimplente.

Por vezes, os casos de pretenso direito de resolução correspondem a situações em que o contrato não tem, afinal, o sentido com que o sujeito contratante contava, não havendo, em rigor, incumprimento gerador do poder de desvinculação unilateral. Existe, então, um erro de discernimento sobre o conteúdo do contrato, que configura um potencial vício da vontade. Lembre-se que há, no erro, uma desconformidade entre a situação real e a situação configurada pelo contraente que vicia a própria formação da vontade, independentemente da respetiva qualificação concreta. Nas palavras de Ferrer Correia[86], "o erro sobre o conteúdo da declaração (...) torna possível que as consequências imputadas pelo direito à declaração viciada sejam diferentes daquelas que o declarante esperou lhe fossem atribuídas". Ora, "a parte cuja vontade negocial tenha sido perturbada no seu discernimento (...) pode, se assim o desejar, libertar-se do negócio viciado, procedendo à sua anulação. Pode

existir equilíbrio sinalagmático na relação contratual. Em tal caso, apenas se poderia recusar parte da prestação proporcional à parte da prestação não executada pela contraparte".

[83] Sobre a resolução em contratos não sinalagmáticos, cf. Romano Martinez, *Da cessação* cit., 142, 213, 214, sublinhando a respetiva possibilidade (*v.g.* resolução de contrato gratuito por violação de deveres acessórios relevantes), especialmente em contratos de execução continuada, sem prejuízo de serem naturalmente menos prováveis estes casos.

[84] Nos termos do acórdão da RLx de 20-jan.-2009 (Anabela Calafate), Proc. 9791/2008-1, "[h]avendo incumprimento parcial culposo do contrato o credor não pode resolver o contrato se o não cumprimento parcial, atendendo ao seu interesse, tiver escassa importância. II – Face ao disposto no art. 342º nº 2 do Código Civil competia à recorrida alegar e provar que o não cumprimento parcial tinha escassa importância e que por isso, não era lícito à recorrente proceder à resolução do contrato".

[85] Cf., por todos, Menezes Cordeiro, *Tratado* IX cit., 930 fazendo apelo ao princípio da materialidade subjacente, enquanto princípio mediador do princípio da boa fé: estão em causa situações em que "cabe à contraparte, pela resolução, afastar-se de um edifício que, axiologicamente, já não corresponda ao que havia sido firmado pelas partes".

[86] *Erro e interpretação na teoria do negócio jurídico*, 3ª ed., Coimbra, 1985, 265.

também, se essa for a sua vontade, manter o negócio nada fazendo e deixando-o convalidar-se, ou pode mesmo confirmá-lo. A razão de ser deste regime de anulabilidade está no cariz inter-privado da questão do vício da vontade. A ordem jurídica deixa à parte cuja vontade negocial esteja viciada a tutela dos seus próprios interesses"[87].

O erro incide, nas situações em jogo, sobre o objeto do contrato, mais especificamente sobre o seu conteúdo: há uma desconformidade entre a perceção do autor quanto ao regime aplicável e aquele que resulta objetivamente do contrato. De acordo com o artigo 251º do Código Civil, "o erro que atinja os motivos determinantes da vontade, quando se refira à pessoa do declaratário ou ao objeto do negócio, torna este anulável nos termos do artigo 247º", ou seja, "desde que o declaratário conhecesse ou não devesse ignorar a essencialidade, para o declarante, do elemento sobre que incidiu o erro".

É hoje consensualmente aceite que o objeto é considerado, aqui como no artigo 280º do Código Civil, em sentido amplo, abrangendo o *quid* sobre que incide o negócio mas também o seu conteúdo, i.e., o regime jurídico que lhe é aplicável[88], seja este de fonte legal ou contratual. Na verdade, "não há qualquer base histórica ou científica para distinguir o erro de direito do erro de facto"[89].

Havendo uma falsa representação do regime aplicável ao contrato, resta saber se os pressupostos do artigo 247º estão preenchidos: a essencialidade e a cognoscibilidade. O primeiro implica que a parte não teria celebrado o negócio se tivesse representado corretamente o seu regime jurídico; o segundo reclama a cognoscibilidade dessa essencialidade pela contraparte: é necessário que o outro conhecesse ou não devesse ignorar a essencialidade do elemento sobre que incidiu o erro, pois, caso essa essencialidade fosse surpreendente ou imprevisível, a anulação poria em causa as suas legítimas expetativas.

Tendo o vício atingido apenas parte do negócio, a redução estará disponível demonstrando-se os respetivos pressupostos (artigo 292º do Código Civil). A anulação e a eventual redução constituem, assim, mecanismos ao dispor do contraente[90].

[87] Pais de Vasconcelos, *Teoria* cit., 578.

[88] Cf., *v.g.*, RPt 26-nov.-1992 (Sampaio da Nóvoa), CJ XVII (1992), 5, 234-236.

[89] Menezes Cordeiro, *Tratado* IX cit., 861.

[90] Diferente é a situação de dissenso oculto. Tem-se notado [Stefano Gaudagno, *Squilibrio contrattuale: profili rimediali e intervento correttivo del giudice, La nuova giurisprudenza civile com-*

Diferentemente sucede na resolução, que pressupõe um incumprimento definitivo avaliado à luz da interpretação do contrato.

Verificando-se os pressupostos substantivos do direito, pode o contraente fiel proceder à resolução, ainda que tenha certamente a liberdade de manter o contrato, propondo ação de execução específica e/ou pedindo uma indemnização pelos danos causados (*jus electionis*). Segundo parte da doutrina, essa liberdade mantém-se mesmo após a interpelação admonitória[91]. O artigo 1184 do *Code Civil* francês estabelece expressamente que a parte fiel tem a opção de forçar a contraparte a executar o contrato logo que seja possível ou de exigir a resolução com pedido de indemnização por danos e juros. Também em Espanha, o artigo 1124 do Código Civil determina que "o lesado poderá escolher entre exigir o cumprimento ou a resolução da obrigação, em ambos os casos com o ressarcimento de danos e juros". Não poderia deixar de ser assim à luz do direito português.

mentata, 2015, vol. 31, Fasc. 12, 744-757 (758)], com boas razões, que, quando o regulamento contratual é contrário à boa fé e lealdade, é legítimo interpretar que entre as partes não se formou um acordo substancial. Assim, por vezes é importante interrogar se efetivamente entre as partes se formou o necessário acordo com o conteúdo pretensamente em causa. Apontámos que a interpretação do acordo não se confunde com a interpretação das declarações das partes e que a interpretação é objetiva, o que significa que, no limite, podemos chegar à conclusão de que aparentemente existe acordo mas, materialmente, ele não se formou. Um dos tipos possíveis de dissenso oculto respeita ao "desacerto entre as declarações das partes e do qual elas não se aperceberam" (PAIS DE VASCONCELOS, *Teoria* cit., 430). Incidindo o dissenso apenas sobre uma parte do contrato, este deve considerar-se celebrado mas o acordo não se formou na sua plenitude. Como escreve ainda PAIS DE VASCONCELOS, *Teoria* cit., 431, "quando assim suceda, o contrato tem-se por celebrado e completo, reduzido ao conteúdo sobre o qual o consenso existiu. O mecanismo é similar ao da redução em caso de invalidade parcial". Seguramente não pode o contrato vigorar com a cláusula sobre a qual não houve materialmente acordo.

[91] Embora tenha o direito de recusar a prestação, deveria entender-se que pode continuar a exigir o cumprimento: mantendo o credor interesse e não havendo motivo para a tutela da eventual confiança da contraparte inadimplente em que o cumprimento não seria exigido, seria a solução que se afigura conforme com o sistema jurídico. Neste sentido, cf. ROMANO MARTINEZ, *Cumprimento defeituoso,* Coimbra, 2011, 123 e *Cessação* cit., 139 e 140 (o Autor admite, porém, a hipótese de o recurso à realização coativa levar a contraparte a concluir que o credor renuncia à resolução, gerando situação de *venire contra factum proprium*); PAULO MOTA PINTO, *Interesse* II cit., nota 4197; CATARINA MONTEIRO PIRES, *Impossibilidade* cit., 221 ss. Diferentemente, recusando a manutenção da opção (uma vez que persistindo o incumprimento após a interpelação admonitória ocorre a conversão em incumprimento definitivo), cf. MENEZES LEITÃO, *Direito das obrigações,* II cit., 242, nota 508.

A resolução opera por declaração unilateral (recetícia) dirigida à contraparte[92], manifestando a vontade firme de fazer cessar o contrato com apresentação do respetivo fundamento[93]. O sistema é, pois, de cariz extrajudicial, próximo do alemão (§ 349 BGB), podendo, naturalmente, operar o controlo judicial mas apenas *ex post*[94].

[92] Sem prejuízo de existirem casos excecionais em que a lei exige a resolução judicial (cf., *v.g.*, o artigo 1047º em matéria de locação"). Cf., por todos, ROMANO MARTINEZ, *Da cessação* cit., 73.

[93] "A declaração resolutiva deve ser inequívoca, irrevogável, incondicional e fundamentada" [RCb 23-set.-2014, (Barateiro Martins), Proc. 1952/08.8TBFIG.C1, CJ nº 257, Tomo IV/2014]. Não significa isto que não possa ser tácita. Cf. ROMANO MARTINEZ, *Da cessação* cit., 73, sublinhando esta possibilidade e dando o exemplo da reivindicação da coisa pelo vendedor.

[94] Não tratamos, aqui, do problema das consequências da resolução ilícita. Sobre o tema, cf., por todos, JOANA FARRAJOTA, *Resolução sem fundamento,* Coimbra, 2015 e, traçando o panorama das diversas posições doutrinárias e jurisprudenciais, ADRIANO SQUILACCE/ /ALEXANDRE MOTA PINTO, *A resolução ilícita: uma contradição nos termos?,* Actualidad Jurídica Uría Menéndez 28-2011, disponível em https://www.uria.com. Especialmente digna de nota é a visão de PINTO MONTEIRO, *Contrato de agência. Anotação,* Coimbra, *Denúncia de um contrato de concessão comercial,* Sep. RLJ, Coimbra, 1998, 71-73; *Contratos de distribuição comercial,* Coimbra, 2009, 147 ss., que, a respeito do contrato de agência, entende que, embora em termos de princípio a resolução ilícita não devesse produzir efeitos, na prática a solução pode não funcionar atendendo ao longo período decorrido entre a declaração de resolução e a decisão judicial. Admite, por isso, que o contrato tenha cessado, nomeadamente por equiparação à denúncia sem pré-aviso (com direito a indemnização). PAULO MOTA PINTO, *Interesse* cit., 1674 ss., nota 4861, seguindo parcialmente esta posição, admite o aproveitamento do ato extintivo através da sua conversão em denúncia (embora sem pré-aviso), quando possível, mas sublinha que, quando os contratos não tenham duração determinada, a resolução será ineficaz, uma vez que falta o próprio direito potestativo de resolver o contrato (o mesmo sucede quando haja resolução não precedida de interpelação admonitória). Está em causa, por outras palavras, um "pressuposto constitutivo do direito de resolução" [ADELAIDE MENEZES LEITÃO, *Revogação unilateral do mandato, pós-eficácia, responsabilidade pela confiança,* em *Estudos em Homenagem ao Prof. Doutor Inocêncio Galvão Telles,* vol. I, Coimbra, 2002, 310-318 (324)]. Cf. também DAVID NUNES DOS REIS, *A (in)eficácia extintiva da resolução ilícita dos contratos,* RDC III (2018), 3, 615-655 (654-655), sublinhando que o princípio da ineficácia da resolução não fundada pode ceder quando seja desproporcional e contrária aos ditames da boa fé. Diferentemente, ROMANO MARTINEZ, *Da cessação* cit., 209 ss. considera que a resolução, embora ilícita, não é inválida e produz efeitos. Antes está em causa um ato relacionado com a execução do contrato, representando um incumprimento deste, que gera obrigação de indemnizar. A regra da reconstituição natural prevista no artigo 562º conduz, porém, à subsistência do vínculo, que afinal não cessou, pelo que o tribunal pode condenar ao cumprimento da prestação. Porém, a manutenção do vínculo depende do preenchimento cumulativo de três pressupostos: o cumprimento ainda ser possível, manter-se o interesse do contraente fiel e a exe-

Estando ao alcance do credor escolher entre vários remédios, surge a questão de saber o que sucede quando tenha elegido um dos meios e pretenda alterar a opção inicialmente feita (*jus variandi*). A matéria não está regulada na lei portuguesa. Diferentemente, no artigo 1124 do Código Civil espanhol, por exemplo, prevê-se um *jus variandi* limitado: caso o sujeito opte pelo cumprimento e este venha a ser impossível, pode pedir a resolução; mas se optar pela resolução, não pode depois exigir o cumprimento. Em Itália, o *Codice Civile* determina que o inadimplente já não pode cumprir após a proposição da ação de resolução, mas a

cução não ser excessivamente onerosa para aquele que resolveu ilicitamente o contrato. Se, por exemplo, a relação pessoal se deteriorou de tal maneira que torna desrazoável manter o vínculo para aquele que atuou ilicitamente, pode admitir-se que o contrato não subsista. O Autor admite também a conversão da resolução ilícita em denúncia, seguindo as regras do artigo 293º do CC. No sentido de que existe incumprimento definitivo em caso de resolução infundada, sem prejuízo da eventual conversão em denúncia, cf. RLx 15-dez.-2016 (Maria Teresa Albuquerque), Proc. 503/15.2T8LSB.L1, CJ nº 274, Tomo V/2016: "a resolução ilícita do contrato, sem fundamento atendível, implica responsabilidade da parte que a ela recorreu pelo incumprimento definitivo. A declaração resolutória ilícita pode converter-se em declaração de denúncia quando, contendo os requisitos essenciais de substância e de forma desta, se possa concluir, em função da valoração do comportamento do declarante, que este teria querido a denúncia se tivesse previsto aquela ilicitude. Convertendo-se a resolução ilícita em denúncia – por a declaração encerrar oposição à renovação do contrato, a parte assim denunciante pode incorrer em responsabilidade pelos danos resultantes da falta de pré-aviso". No acórdão do STJ de 12-mai.-2016 (Maria da Graça Trigo) Proc. 2470/08.0TVLSB.L1.S1, afirma-se que "num contrato de distribuição comercial em que ocorre uma declaração de resolução infundada por parte do concedente, verifica-se uma situação de não cumprimento definitivo por causa que lhe é imputável, ficando este obrigado a indemnizar o concessionário nos termos gerais do art. 798º do CC. Nesse caso, tem o concessionário direito a ser indemnizado pelos lucros que obteria se o contrato tivesse sido pontualmente cumprido até ao termo da sua vigência, ou seja, tem direito a ser indemnizado pelos lucros cessantes correspondentes ao interesse contratual positivo ou de cumprimento". Cf. ainda o acórdão do STJ de 22-mai.-2018 (José Rainho), Proc. 27800/15.4T8PRT.P1.S1: "a declaração resolutiva infundada é apta a extinguir o contrato-promessa em curso, mas só representa um incumprimento definitivo quando significa o propósito de não querer ou não poder cumprir. Só neste caso se poderá falar em incumprimento antecipado e definitivo do contrato-promessa, a justificar a atuação do regime do sinal". Cf. também o acórdão do STJ de 10-jan.-2012 (Martins de Sousa), Proc. 25/09TBVCT.G1.S1 (Martins de Sousa), segundo o qual "chegada ao conhecimento do devedor declaração resolutiva do contrato, esta opera seus efeitos, independentemente, de ser lícita ou ilícita, pelo que esse mesmo devedor já não pode cumprir e o próprio credor deixa de poder exigir o cumprimento". "A resolução infundada do contrato promessa pelo promitente vendedor põe termo à sua vigência, pelo que se equipara ao incumprimento definitivo" (RGuim 6-fev.-2014, cit.).

exigência de cumprimento não impede a resolução caso o cumprimento se mostre difícil ou inviável. Nos textos correspondentes ao "novo" direito europeu e internacional dos contratos apenas se encontra referência a esta possibilidade de mudar a escolha realizada no artigo 7.2.5. dos Princípios Unidroit, que permite a alteração do remédio escolhido no caso em que o contraente tenha optado pelo cumprimento e, tratando-se de obrigações não pecuniárias, não o tenha obtido porque não é possível a execução de um mandato judicial.

No que respeita, entre nós, ao quadro geral podemos apontar que[95]: (i) uma vez declarada a resolução por declaração dirigida à contraparte, esta produz os seus efeitos e já não pode ser "revertida": a partir do momento em que se torna eficaz (nos termos gerais das declarações recetícias), os efeitos liberatório e restitutório são indestrutíveis; não se trata apenas da preservação da boa fé (proibição do *venire contra factum proprium*) ou da tutela da confiança[96], mas mais simplesmente da natural irreversibilidade dos efeitos da resolução; (ii) caso tenha optado por outra via de tutela, a resolução permanece possível desde que se verifiquem os correspondentes pressupostos. Porém, como dissemos, deve entender-se que o direito de exigir o cumprimento mantém-se também após o decurso infrutífero do prazo admonitório[97].

Não existe um prazo legal para o exercício do direito, sem prejuízo da sujeição ao regime geral da prescrição[98] e de alguma doutrina sublinhar a necessidade de observância de um prazo razoável, em nome do princípio da boa fé[99]. Além disso, cumpre recordar que o artigo 436º/2

[95] Cf., por todos, Brandão Proença, *Lições* cit., 362/363.

[96] Cf. neste sentido Brandão Proença, *Lições* cit., 363.

[97] Sem prejuízo dos casos excecionais em que a conduta do credor induza o devedor a confiar na não resolução, valendo o princípio da boa fé. Cf. Pinto de Oliveira, *Contributo para a interpretação do artigo 808º do Código Civil*, Cadernos de Direito Privado nº 5, jan.-mar. 2004, 10-16 (16).

[98] Como se lê no acórdão do STJ de 16-jan.-2014 (Abrantes Geraldes), proc. 367/2001.E1.S1, "o regime jurídico da prescrição não é privativo dos direitos de crédito, não estando afastada a sua aplicação a direitos de outra natureza, quer direitos subjetivos, quer direitos potestativos, desde que a lei os não exclua (artigo 298º, nº 1, do CC)"; "não estando previsto pela lei, nem tendo sido convencionado pelas partes, quando tal seja possível, um prazo de caducidade para o exercício do direito de resolução, este está sujeito ao regime da prescrição, designadamente ao prazo de 20 anos previsto no artigo 309º do CC".

[99] Cf., *v.g.*, Baptista Machado, *Pressupostos* cit., 162 ss. A exigência surge, por exemplo, nos artigos 49º/2, *b)* e 64º/2, *b)*, da Convenção de Viena.

confere à contraparte o poder de fixar ao titular do direito um prazo para o exercer, findo o qual o mesmo caduca. Como escreve VAZ SERRA[100], não seria razoável "obrigar o outro contraente, embora faltoso, a ficar indefinidamente na dúvida sobre se o seu cocontratante deseja a resolução do contrato ou a sua manutenção".

Dúvida que por vezes surge respeita à possibilidade de resolução pelo contraente fiel quando, na execução passada do contrato, tenha adotado conduta potencialmente reveladora da atribuição de escassa importância ao incumprimento na economia do contrato[101]. De facto, já se tem apontado que "a tolerância do credor impede que um comportamento tolerado possa dar lugar à resolução. A resolução torna a ser uma opção do credor quando haja pré-anunciado que não tenciona continuar a tolerar o inadimplemento"[102]-[103].

Porém, a inércia do credor só pode ser considerada como comportamento concludente de renúncia ao direito de resolução quando, avaliada de acordo com o princípio da boa fé, seja de ordem a induzir na contraparte a convicção da legitimidade da sua atuação[104]. Ou seja, exige-se o preenchimento dos requisitos de que depende a operatividade do princípio da tutela da confiança (situação de confiança, legitimidade da confiança, justificação da confiança e imputação da confiança). Por outro lado, a conduta da contraparte tem de ser interpretada no contexto

[100] *Resolução* cit., 248.

[101] Cf., em geral, neste sentido BIANCHI, *Rescissione* cit., 174.

[102] BIANCHI, *Rescissione e risoluzione dei contratti*, Milano, 2003, 174.

[103] Importante é, sempre, a comunicação à contraparte. A título de exemplo, veja-se o acórdão do STJ de 12-dez.-2017 (Maria Olinda Garcia) Proc. 441/16.1T8CSC.L1.S1, onde se pode ler que "existindo sucessivos adiamentos, por acordo das partes, quanto à data da realização do contrato prometido, o promitente fiel que não pretende adiar mais a celebração desse contrato deve tornar inequívoco que a mora da contraparte passa a ter o relevo de um incumprimento definitivo, o qual sustenta o exercício do seu direito de resolução. A resolução do contrato-promessa não é um efeito automático da existência de uma situação de incumprimento atribuível à contraparte. O contraente que deixa de tolerar a mora da contraparte ou perde o interesse na celebração do contrato prometido tem de, efetivamente, comunicar à contraparte que pretende a extinção do contrato, assim exercendo o seu direito potestativo de resolução. Enquanto não se verificar a resolução do contrato-promessa, o promitente-vendedor não pode exigir, através de ação de reivindicação, a restituição da fração prometida vender, que voluntariamente entregou à promitente-compradora (*traditio*)".

[104] PAOLO CEDON, *Commentario* cit., 832.

negocial e situacional respetivo, para avaliar a suscetibilidade da sua configuração como renúncia à resolução.

Em suma, é necessário verificar se a conduta anterior, à luz do respetivo contexto, traduz efetiva "tolerância" do inadimplemento pelo contraente fiel[105] ou se foi apenas a opção, no momento considerado, pela solução menos lesiva perante a conduta gravemente violadora dos deveres contratuais e legais da contraparte[106]. Acresce que o incumprimento pode ser persistente, ao invés de se ter esgotado no passado: ora, em tais casos, certamente não pode a aceitação passada ser interpretada no sentido de privar o contraente do direito à resolução face a novas situações de incumprimento que gravemente atingem o núcleo do equilíbrio negocial estabelecido pelas partes. Aliás, existiria, neste caso, renúncia antecipada, vedada pelo artigo 809º do Código Civil[107]. Ou seja, quando está em causa um incumprimento continuado nunca poderia ter havido, *ex ante*, renúncia ao direito que só *ex post* surgiu.

Haverá, em síntese, que confirmar se o exercício do direito de resolução se configura como contrário ao princípio da boa fé, por abuso de direito, nos termos do artigo 334º do Código Civil, *maxime* se será abusivo por *venire contra factum proprium*[108] (ou *supressio*). O mesmo só poderá ser travado por ser abusivo caso frustre a confiança legítima do sujeito contratante no não exercício do direito de desvinculação unilateral. Há *venire* quando um sujeito exerce uma posição jurídica em contradição com o comportamento pelo mesmo assumido anteriormente, reconduzindo-se à doutrina da confiança. O mesmo vale no caso da *supressio,* que corresponde à insuscetibilidade de exercício do direito por não exercí-

[105] Cf. Giuseppe Francesco Aiello, *La giurisprudenza e l'inadempimento di non scarsa importanza: criteri di valutazione e sfera d'incidenza dell'art. 1455 cod. civ.*, La Nuova Giurisprudenza Civile Commentata, a.28 n.11 (nov.-2012), Parte seconda, 731-745 (733).

[106] Cf., *v.g.*, o acórdão do STJ de 17-nov.-2014 (Salvador da Costa), Proc. 05B1993: "na vertente do chamado venire contra factum proprium, traduz-se o abuso do direito na conduta contraditória do respectivo titular, isto é, a que gerou e era objectivamente susceptível de gerar na outra parte a convicção de que o direito em causa não seria por ele exercido e, com base nisso, a última programou a sua actividade. [...] "Não integra a excepção peremptória imprópria do abuso do direito a circunstância de [...] não ter operado a resolução do contrato [...] no termo do prazo convencionado para a execução [....]".

[107] Cf. Romano Martinez, *Da cessação* cit., 81, aludindo à necessidade desta análise à luz do artigo 809º.

[108] Admitindo a hipótese, cf. Romano Martinez, *Da cessação* cit., 123 e 167.

cio durante determinado período de tempo, de modo a que a sua não atuação crie na outra parte a legítima confiança de que o direito não será exercido.

4.2. A definitividade do incumprimento em geral

Havendo incumprimento definitivo, pode o credor optar por exercer o direito de resolução, "independentemente do direito à indemnização" de que seja titular[109]-[110]. Na avaliação do cariz definitivo do incumprimento, é certamente indispensável distinguir em função da concreta obrigação não cumprida: assim, (i) *se a obrigação for pura ou sem prazo* e a exigibilidade existir apenas em sentido fraco mas não em sentido forte, é necessário provocar o respetivo vencimento através da interpelação[111] do devedor pelo credor[112]; nestes casos, nos termos do artigo 777º/1, a obrigação pode ser exigida a todo o tempo[113], devendo o credor observar

[109] Sem prejuízo das dúvidas sobre a determinação do *quantum* concreto da indemnização, *maxime* se esta visa a reconstituição do interesse contratual positivo ou negativo, problema que longamente ocupa a doutrina e jurisprudência mas que excluímos, como dito, do objeto do presente estudo.

[110] Sendo temporário o incumprimento, está em causa meramente uma situação de mora, em que ainda subsiste a possibilidade de o devedor cumprir, embora com atraso, ficando constituído na obrigação de reparar os danos causados ao credor (artigo 804º/1 do Código Civil). O devedor considera-se constituído em mora quando, por causa que lhe seja imputável, a prestação, ainda possível, não foi efetuada no tempo devido (artigo 804º/2). Daqui decorre que só existe mora quando, cumulativamente: (i) a prestação não foi efetuada no tempo devido (ii) por causa imputável ao devedor e (iii) a prestação ainda é possível. Se houver impossibilidade não existe mora. Por outro lado, se o crédito for ilíquido, não há mora enquanto não se tornar líquido, salvo se a falta de liquidez for imputável ao devedor; tratando-se, porém, de responsabilidade por facto ilícito ou pelo risco, o devedor constitui-se em mora desde a citação, a menos que já haja então mora, nos termos da primeira parte do artigo 805º/3 do Código Civil. Sobre os requisitos da mora, cf., *v.g.*, MENEZES CORDEIRO, *Tratado* IX cit., 399 ss.

[111] Trata-se de um ato jurídico unilateral recetício, realizado extrajudicialmente (sem exigência de forma especial) ou judicialmente (por notificação judicial avulsa, nos termos do artigo 256º do Código Civil, ou através da citação em ação de cumprimento, de acordo com os artigos 219º e 610º/2, *b)*, do Código de Processo Civil).

[112] A interpelação implica a intimação para o cumprimento, a fixação de prazo perentório para cumprimento e a cominação de que a obrigação se terá por incumprida. Cf. BAPTISTA MACHADO, *Pressupostos* cit., 163 ss.

[113] Cf., porém, o artigo 777º/2, relativo a casos em que o prazo deva ser fixado pelo tribunal ou por acordo das partes.

os ditames da boa fé, dando, se necessário, um prazo razoável para o cumprimento; (ii) *no caso das obrigações com prazo* (seja este *ex contractu*, *ex lege* ou *ex natura*), o respetivo decurso determina por si, como é claro, o vencimento da obrigação (independentemente de interpelação), fazendo com que a prestação se torne logo exigível (exigibilidade em sentido forte)[114].

Se a prestação não for cumprida após a interpelação ou dentro do prazo fixado nos termos do artigo 777º/2 (nas obrigações puras) ou se se verificar o decurso do prazo sem que ocorra o cumprimento (nas demais), existe mora, nos termos do artigo 805º/2, sem prejuízo das situações de (i) *impossibilidade* da prestação (em que se extingue o dever de prestar); (ii) *perda de interesse* do credor (prazo essencial)[115], em

[114] Esta é uma das situações em que o devedor fica constituído em mora independentemente de interpelação (artigo 805º/2, *a)*). O mesmo sucede, como resulta do artigo 805º/2, quando a obrigação provém de facto ilícito e quando o próprio devedor impede a interpelação, considerando-se interpelado, neste caso, na data em que normalmente o teria sido.

[115] Por todos, cf. Brandão Proença, *Lições* cit., 101. A qualificação do termo como essencial ocupa frequentemente a jurisprudência. Sobre o termo essencial, pode ver-se, *v.g.*, o acórdão do STJ de 16-jun.-2016 (Pires da Rosa), Proc. 410/10.5TBABF.E1.S1, onde se lê que o critério que tem seguido a jurisprudência para a distinção entre o termo fixo (absoluto) e o termo não fixo (relativo) estipulado pelas partes é "o de aquilatar da essencialidade do prazo em face das circunstâncias do caso, descortinando na vontade das partes se o decurso desse prazo implica uma clara intenção de considerar o contrato como não cumprido e, desse modo, fundar um juízo de incumprimento, ou se ainda possibilita o seu cumprimento tardio". Cf. também o acórdão do STJ 23-nov.-2017 (Maria do Rosário Morgado), Proc. 212/12.4TVLSB.L1.S1: "nas obrigações de termo essencial, quando a prestação não é executada no prazo ou no momento devidos, já não se pode cumprir; nas obrigações puras, o vencimento depende de interpelação". No acórdão de 13-out.-2016 (Maria da Graça Trigo), Proc. 7185/12.1TBCSC.L1.S1, escreve o STJ: "no direito civil português o princípio geral é o de que o prazo de cumprimento de uma obrigação não constitui um termo essencial. II – A falta de respeito pelo prazo de cumprimento da obrigação origina uma situação de mora (art. 805º, nº 1, al. a), do CC) que apenas se transforma em incumprimento definitivo por uma das duas vias previstas no art 808º do CC: perda do interesse do credor, apreciada objectivamente, ou decurso de um prazo adicional razoável fixado pelo credor (interpelação admonitória)". Cf. ainda o acórdão da RPt de 15-mar.-2010 (Caimoto Jácome), Proc. 4015/07, cit.: "a estipulação de um prazo para a execução de um contrato não tem sempre o mesmo significado. Pode significar que, decorrido o prazo, a finalidade da obrigação não pode já ser obtida com prestação ulterior, caducando por isso o contrato; mas pode também ser apenas uma determinação do termo que não obste à possibilidade de uma prestação ulterior, que satisfará ainda a finalidade da obrigação, caso em que o termo do prazo não importa a caducidade do contrato, mas tão-somente a atribuição ao credor do direito de resolvê-lo (...). Se estivermos

que se considera para todos os efeitos não cumprida a obrigação (artigo 808º/1); (iii) *prazo perentório* fixado no contrato (mesmo que este seja apenas *subjetivamente* essencial), cujo decurso gera imediatamente incumprimento definitivo; (iv) *interpelação admonitória*, que, representando uma última oportunidade para o cumprimento, provoca a conversão da mora em incumprimento definitivo (quando se mantenha o incumprimento)[116]-[117]. Vejamos brevemente.

perante um "termo fixo essencial" a resolução está automaticamente legitimada, enquanto se se tratar de um "termo relativamente fixo" a resolução é legítima se verificados os respectivos requisitos gerais". Cf. também o acórdão da RCb 24-abr.-2018 (Jorge Arcanjo), Processo 994/15.1T8LRA.C1, CJ nº 285, Tomo II/2018: "estipulando as partes um prazo dentro do qual o negócio devia cumprir-se, há que verificar se, com isso, quiseram um negócio fixo e absoluto (no sentido de a fixação do prazo significar que a prestação tem de ser efetuada dentro dele, sob pena de o contrato caducar, por a prestação deixar de ter interesse) ou se um negócio relativo ou simples, não atribuindo ao prazo a produção da caducidade – questão a ser resolvida pela interpretação do contrato". No acórdão da RGuim de 6-fev.-2014 (Raquel Rego), Proc. 4012.06.2TBBRG.G1, pode ler-se que "a determinação da natureza do prazo depende da natureza do negócio ou da interpretação da vontade das partes, devendo, em caso de dúvida, ter-se como estabelecido um prazo absoluto, por ser de presumir que os outorgantes quiseram efectivamente vincular-se de harmonia com os termos do contrato. A conduta do réu ao conferir prazo suplementar para cumprimento é reveladora de que não tinha o prazo como absoluto".

[116] Dispõe, com efeito, o artigo 808º/1, que, se a prestação não for realizada dentro do prazo que razoavelmente for fixado pelo credor, considera-se para todos os efeitos não cumprida a obrigação.

[117] Em síntese, constitui-se o direito de resolução com fundamento em incumprimento definitivo, essencialmente, em caso de perda de interesse do credor na prestação e decurso do prazo admonitório, mas não só. Cf. o acórdão do STJ de 28-jun.-2011 (Sebastião Póvoas), Proc. 7580/05.2TBVNG.P1.S1: "o incumprimento definitivo restringe-se a quatro situações: recusa de cumprimento ("repudiation of a contract" ou "riffuto di adimpieri"); termo essencial (prazo fatal); cláusula resolutiva expressa (impositiva de irretractibilidade); perda do interesse na prestação". Cf. também o acórdão do STJ 26-jun.-2012 (Garcia Calejo) Proc. 2984/04.0TBCSC.L1.S1: "o fundamento da resolução, como decorre dos arts. 801º, nº 2, e 802º, nº 1, do CC, é a impossibilidade de cumprimento da prestação determinativa do incumprimento definitivo. V – O incumprimento do contrato pode verificar-se, designadamente, pelo comportamento do devedor que exprima, inequivocamente, a vontade de não querer cumprir o contrato, por não ter sido observado o termo das obrigações de prazo fixo absoluto, por, em caso de mora, o credor perder o interesse que tinha na prestação ou quando esta não for realizada no prazo que razoavelmente lhe for fixado pelo credor (cf. art. 808º, nº 1, do CC)".

4.3. Incumprimento definitivo em virtude da perda de interesse

Se, em determinadas situações típicas, a aferição da perda do interesse, para efeitos do artigo 808º/1, é simples, pela própria natureza da prestação (*v.g.* incumprimento de obrigações de facto negativo)[118], nos demais casos é necessária a identificação de critérios auxiliares, apontando a doutrina e a jurisprudência que a perda de interesse deve:

(i) ocorrer *"em consequência da mora"*, só podendo ser avaliada a partir da constituição em mora, exigindo-se um nexo causal entre ambas[119], nada impedindo, porém, que exista perda de interesse mesmo sendo a mora parcial[120];

(ii) ser *efetiva*, não relevando a simples diminuição do interesse[121];

(iii) ser *objetiva*, nos termos do próprio artigo 808º/2: cessa a aptidão da prestação para satisfazer as necessidades do credor[122]-[123], quer porque se perdeu essa aptidão em si quer porque desapareceram as necessidades que a prestação visava realizar. De fora ficam, assim, meros juízos subjetivos. Expõe o STJ que não basta um "juízo valorativo arbitrário do próprio credor, antes aquela [perda do interesse] há-de ser apreciada objectivamente, com base em elementos susceptíveis de serem valorados por qualquer pessoa (designadamente pelo próprio devedor ou pelo juiz)"[124]. Por outras palavras, como prossegue o Tribunal, "essa

[118] Nestas não existe certamente possibilidade de mora. Cf. *v.g.* Menezes Leitão, *Direito das obrigações*, cit., 233.

[119] Cf., neste sentido, o acórdão do STJ de 12-nov.-2009 (Garcia Calejo), Proc. 678/2001.S1, no qual se concluiu que "como resulta do art. 808º, nº 1, a perda do interesse na prestação deve resultar da mora, pelo que deverá ser a partir do momento da constituição da mora que se deve aferir a perda do dito interesse na prestação e não (...) desde a altura da realização do contrato-promessa."

[120] Cf. Pires de Lima/Antunes Varela *Código Civil Anotado*, Vol. II, 4ª ed. Coimbra, 1997, 71.

[121] Cf. Almeida Costa, *Direito das obrigações* cit., 1054; cf. também o acórdão do STJ de 18-dez.-2003 (Araújo Barros), Proc. 03B3697.

[122] Menezes Cordeiro, *Tratado* IX cit., 235.

[123] Em rigor, o aprofundamento do problema remeter-nos-ia para o próprio conceito de prestação e para a sua "dupla significação" como "um 'comportamento do devedor conforme ao dever' *(acção de prestar)* ou como 'a realização do interesse do credor *(resultado da prestação)*" (Maria de Lurdes Pereira, *Conceito de prestação e destino da contraprestação,* Coimbra, 2001, 11).

[124] Cf. o acórdão do STJ de 18-dez.-2003, cit. Cf. também, a título de exemplo, o acórdão do STJ de 02-nov.-2017 (Olindo Geraldes), Proc. 406/12.2TVLSB.L1.S1: "a perda do interesse

perda não pode assentar numa simples mudança de vontade do credor, por, não tendo o devedor cumprido a obrigação na altura própria, o negócio não ser já do agrado daquele, não bastando igualmente, para fundamentar a resolução, qualquer circunstância que justifique a extinção do contrato aos olhos do credor".

O critério a adotar deverá ser o do *bonus pater familias*, havendo que perguntar se, para o homem médio, colocado naquela situação concreta, fará ainda sentido manter o dever de prestar principal[125]. Essa avaliação obriga, por outro lado, a apelar igualmente para um critério finalístico. Conforme também afirma o STJ, "[a] exigência de um critério objectivo de apreciação do interesse na prestação e da respectiva perda de interesse restringe esta aos casos de *frustração do fim da prestação* e de *realização do fim da prestação por via diversa do cumprimento*"[126]. Em sentido idêntico, diz-se, também que "a perda de interesse do credor pode resultar da superveniente inutilidade da prestação"[127]. A perda do interesse na prestação sucederá quando, apesar de ser fisicamente concretizável, a mesma deixou de ter oportunidade[128]-[129].

do credor há de resultar da apreciação objetiva da situação, emergente da 'natureza das coisas', determinada na perspetiva de afastamento de qualquer subjetivismo".

[125] É este o critério seguido, nomeadamente, por MENEZES CORDEIRO, *Tratado* IX cit., 136. A jurisprudência acolhe-o igualmente ao afirmar que "a perda de interesse terá de resultar de todo um circunstancialismo fáctico, muito concreto e bem definido, que revele justificadamente tal perda de interesse segundo um critério de razoabilidade próprio do comum das pessoas", ou que "[t]em de ser apreciada objectivamente – em termos concretos – não bastando que o credor se limite a alegá-lo e tem de ter na base uma razão objectivamente perceptível e compreensível para o cidadão comum" – cf. acórdãos do STJ de 28-jun.-2011 (Moreira Alves), Proc. 208/05.2TCFUN.L1.S1 e de 28-jun.-2011 (Sebastião Póvoas), Proc. 7580/05. 2TBVNG.P1.S1. O acórdão do STJ de 10-set.-2009 (Santos Bernardino), Proc. 170/09.2YFLSB, alude ao critério "de um homem de bom senso e razoável que, numa ponderação global do caso, entre em linha de conta com a duração da mora, o comportamento do devedor, e o propósito subjectivo do próprio credor". Cf. ainda, *v.g.* o acórdão da RPt de 29-nov.-2010 (Maria Adelaide Domingos), Proc. 732.09.8TJPRT.P1, CJ nº 226, Tomo V/2010.

[126] Cf. o acórdão do STJ de 07-jun.-2011 (Fernando Bento), Proc. 7005/06.6TBMAI.P1.S1.

[127] Cf. o acórdão do STJ de 28-jun.-2011, cit.

[128] Cf. o acórdão do STJ de 12-nov.-2009 (Garcia Calejo), Proc. 678/2001.S1.

[129] Alguns casos clássicos permitem clarificar quando existe uma situação objetiva de perda do interesse. São, desde logo, (i) as situações em que o credor só tinha interesse em utilizar

> Em suma, existirá perda do interesse quando o homem médio, colocado numa determinada situação concreta de mora, possa razoavelmente concluir que a prestação já não tem interesse para o credor, em virtude da frustração do seu fim ou por este ter sido realizado por via diversa do cumprimento.

A perda de interesse pode ainda resultar da estipulação de um termo ou prazo essencial de cumprimento, sem prejuízo das regras gerais sobre a aferição da perda do interesse. Está em causa uma convenção atribuindo relevância a uma situação de perda subjetiva de interesse para o credor[130]. Nada impede as partes, ao abrigo do princípio da liberdade contratual, de acordarem um "termo ou prazo para o cumprimento da prestação, e atribuir-lhe carácter essencial, conferindo importância es-

o objeto da prestação em determinado evento ou momento (é o caso do tradicional exemplo de incumprimento da obrigação de entrega de um vestido de noiva no prazo devido: a entrega apenas tem utilidade, no máximo, até ao dia do casamento; naturalmente que, em mera teoria, são pensáveis desvios do exemplo base nos quais poderá não haver perda de interesse, como aconteceria, *v.g.*, quando, não obstante o vestido de noiva ser entregue após o casamento, a noiva mantém o seu interesse nele em virtude de ter sido feito com tecido que era da sua avó e, assim, ter um valor sentimental associado). Neste caso, o credor não pretenderá prevalecer-se do regime da perda do interesse, retirando relevo prático ao caso: cf. Joana Campos Carvalho, *Fundamentos de resolução por incumprimento*, Themis, Ano XVI – Nºs 28/29 (2015), 175-241 (201). É também o caso de se contratar um transporte para determinada zona, onde vai ter lugar um evento em que o credor necessita de estar presente, e o devedor se atrasa por forma a que já não é possível chegar ao local do destino em tempo útil (cf. o exemplo em Menezes Leitão, *Direito das obrigações* cit., 242). Neste caso, conforme afirma o Autor, é óbvio que não é admissível a purgação da mora pela realização tardia do transporte. O segundo grupo de situações corresponderá àquelas (ii) em que o credor, face ao incumprimento do devedor, necessite de acorrer a outros meios por forma a satisfazer o fim da prestação. Cf. Pires de Lima/Antunes Varela, *Código Civil anotado* cit., 71. Finalmente, (iii) pode tratar-se de situação puramente subjetiva do credor: imagine-se que o comprador, que tem um estabelecimento comercial aberto durante todo o ano, adquire pacotes de arroz para revender e o vendedor se atrasa quinze dias na entrega, que estava combinada para dia 7 de julho e que o comprador, muito supersticioso, acredita que terá azar se receber arroz após essa data: subjetivamente ele terá perdido o interesse na prestação se a prestação for realizada depois desse dia, mas, objetivamente, não se verifica uma perda do interesse do credor. Cf. Joana Campos Carvalho, *Fundamentos* cit., 201, sublinhando que não devem ser tidos em conta elementos arbitrários, mas apenas "os elementos suscetíveis de valoração pelo comum das pessoas". Diferentemente sucede se o credor vai encerrar a sua loja no dia 31 de julho e sabe que até lá já não vai conseguir revender o arroz: existe, aqui, perda objetiva de interesse. Cf. Joana Campos Carvalho, *Fundamentos* cit., 201.

[130] Cf. Menezes Leitão, *Direito das obrigações* cit., 233.

sencial à pontualidade de uma prestação que, objetivamente considerada, poderia satisfazer o interesse do credor mesmo que executada depois do vencimento do termo"[131].

Adicionalmente, em determinadas situações, exige-se que a perda de interesse seja objeto de comunicação: com efeito, segundo a jurisprudência, é necessário, "de acordo com os ditames da boa fé, uma comunicação dirigida pelo credor ao devedor, informando-o da perda do interesse na sua prestação, que nem sempre transparece, de forma clara, das circunstâncias do contrato"[132].

Pergunta-se a quem compete o ónus da prova da perda do interesse.

Como refere o STJ, nos termos gerais do artigo 342º/1 do CC[133], é ao credor que pretende resolver o contrato, com fundamento em incumprimento definitivo, que cabe alegar e provar os factos com base nos quais há de ser objetivamente apreciada a situação concreta de falta daquele interesse[134]: sobre ele recai o ónus da prova dos factos de que possa inferir-se que perdeu o interesse na prestação do devedor[135]. Porém, a questão já tem sido vista como "melindrosa". MENEZES CORDEIRO, por exemplo, considera que, com a referida distribuição do ónus da prova, "subverte-se a lógica da presunção de culpa, do artigo 799º/1", fazendo, por isso, apelo a uma interpretação sistemática, para defender

[131] Cf. o acórdão do STJ de 21-mai.-2009 (Santos Bernardino), Proc. 09B0641.

[132] Cf. o acórdão do STJ de 10-set.-2009 (Santos Bernardino), Proc. 170/09.2YFLSB.

[133] A norma determina, como é bem sabido, que àquele que invocar um direito cabe fazer a prova dos factos constitutivos do direito alegado (nº 1). Por sua vez, a prova dos factos impeditivos, modificativos ou extintivos do direito invocado compete àquele contra quem a invocação é feita (nº 2).

[134] Cf. acórdão do STJ de 18-dez.-2003, cit.; cf. também o acórdão do STJ de 04-out.-2016 (Nuno Cameira), Proc. 2679/13.4TBVCD.P1.S1: "a resolução do contrato [...] pressupõe a demonstração, por parte de quem pretende exercer esse direito, de que a contraparte está em mora e que, por força desta, desapareceu o seu interesse na manutenção do contrato, ou então que converteu a mora em incumprimento definitivo – arts. 342º, nº 1, e 808º do CC. O mero decurso do tempo não é, por si só, revelador da perda do interesse no negócio, posto que esta tem de ser apreciada objectivamente, isto é, através de factos concretos que, razoavelmente, a revelem". Em geral compete ao contraente fiel que pretende resolver o contrato o ónus da prova: cf., *v.g.*, o acórdão do STJ de 27-nov.-2018, cit.: "a resolução do contrato enquanto exercício de um direito potestativo vinculado impõe à respectiva parte o ónus de alegar e demonstrar o fundamento justificativo da desvinculação contratual". Em sede geral, cf. também, *v.g.*, o acórdão do STJ de 13-jan.-2015 (Fonseca Ramos), Proc. 36/12.9TVLSB.L1.

[135] Cf. o acórdão do STJ de 10-set.-2009 *supr* cit.

que "alegando o credor a perda do interesse objetivo, bastará, ao juiz, fazer uma ponderação larga e muito sumária do problema. A bitola do *bonus pater familias* é questão-de-direito, pelo que nada de especial haverá a provar"[136]. Em certos casos, sempre poderá funcionar a prova indiciária ou de primeira aparência.

4.4. Incumprimento definitivo em consequência do decurso do prazo admonitório

A conversão da mora em incumprimento definitivo pode ocorrer também com o decurso do prazo admonitório, que visa dar uma última oportunidade ao devedor para cumprir num prazo razoável (artigo 801º/1). Esta interpelação admonitória não se confunde com a interpelação que tem como objetivo provocar o vencimento das obrigações puras: esta consiste na comunicação pelo credor ao devedor da sua decisão de lhe exigir o cumprimento da obrigação, constituindo o devedor em mora se não cumprir; diferentemente, aquela provoca a conversão da mora em incumprimento definitivo[137].

Logicamente, a interpelação admonitória pressupõe que se mantenha o interesse do credor na prestação, constituindo "uma demonstração do interesse do credor em que a prestação em falta possa ainda ser realizada pelo devedor, por forma a concluir o contrato"[138]. Visa-se, como se lê em acórdão do STJ, "salvar a relação contratual, concedendo-se ao devedor, mediante a permissão do credor, um prazo"[139]. Por esse motivo, como já afirmou o mesmo Tribunal, "a interpelação admonitória não é necessária se tiver havido recusa de cumprimento, invocada

[136] Cf. Menezes Cordeiro, *Tratado* IX cit., 136.

[137] Lembre-se, como efeito, que, quando a obrigação não tenha prazo, é necessária, antes da interpelação admonitória, uma interpelação destinada a provocar o vencimento, passando à exigibilidade forte (artigo 805º/1); só esgotado esse prazo é que terá lugar a interpelação admonitória (artigo 808º/1); ultrapassado o (novo) prazo, existe, então sim, incumprimento definitivo. Já se a obrigação tiver prazo certo, decorrido este, o devedor entra logo em mora, pelo que, perante esta hipótese, o credor pode optar por fazer logo a interpelação admonitória com a fixação de um prazo para cumprir, findo o qual o incumprimento temporário se converterá em definitivo

[138] Cf. acórdão do STJ de 11-fev.-2015 (Gabriel Catarino), Proc. 2434/12.9T2AVR.C1.S1.

[139] Cf. acórdão do STJ de 11-fev.-2015 cit.

a perda de interesse do credor ou incumprida uma cláusula resolutiva expressa"[140]-[141].

O "prazo razoável", a fixar pelo credor, é um conceito indeterminado. Assim refere o STJ[142] que "a razoabilidade do prazo para cumprimento inculca a ideia de que o credor, estimando ser possível a realização da prestação e atendendo a circunstâncias atinentes com o desenvolvimento da relação contratual – nomeadamente por adveniência de factores perturbadores da possibilidade de cumprimento por parte do devedor –, considera que, dentro daquele, o devedor pode desassorear e remover os obstáculos que estão a impedir o cabal e perfeito cumprimento do contrato"[143]-[144].

No que respeita à interpelação, exige-se, comummente, a advertência, pelo credor, de que a obrigação se terá por definitivamente incumprida após o decurso do prazo fixado (intimação admonitória). Apesar de alguma doutrina dispensar qualquer ritual solene ou declaração com semelhantes formalismos[145], a jurisprudência tende a afirmar que "para transformar a mora em incumprimento definitivo é necessária uma interpelação com fixação de prazo peremptório e razoável para cumprimento da obrigação, cominada expressamente, se não acatada, com o não cumprimento"[146]. Além de que se sublinha a necessidade de inter-

[140] Cf., neste sentido, acórdão do STJ de 28-jun.-2011, cit.

[141] Sendo necessária, a jurisprudência aponta, com razão, a importância da alegação da interpelação. Cf. *v.g.* o acórdão do STJ de 19-mai.-2016 (Lopes do Rego), Proc. 924/14.8TVLSB. Cl.Sl: "assiste inequivocamente ao A. o ónus de alegação de uma realidade factual – a feitura de interpelação admonitória – constitutiva do direito invocado, integradora do núcleo essencial da causa de pedir – não podendo tal ónus ter-se por adequadamente cumprido apenas em função do teor e conteúdo de documentos juntos ao processo".

[142] No acórdão de 11.-fev.-2015 cit.

[143] Cf. o acórdão do STJ de 11-fev.-2015, cit.

[144] Citando ainda a jurisprudência "[a] ausência de razoabilidade por parte dos promitentes cedentes na fixação de um prazo limite para a realização do contrato definitivo (em desrespeito do que os ditames da boa-fé na execução do contrato impunham) não faz converter a mora [...] em incumprimento definitivo em função da não realização [da prestação] no referido prazo (admonitório)". Cf. acórdão de 27-nov.-2018 (Graça Amaral), já referido.

[145] Cf. Menezes Cordeiro, *Tratado* cit., 137. Em sentido contrário, cf. Menezes Leitão, *Direito das obrigações* cit., 242, que defende ser necessária a advertência de que a obrigação se terá por definitivamente incumprida após o decurso deste (intimação admonitória).

[146] Acórdão do STJ de 28-jun.-2011, cit. Por exemplo, o acórdão do TRL de 09-jun.-2016 (Ezagüy Martins) identifica os seguintes elementos da interpelação admonitória: "[...] para

pretação da declaração do credor, de tal maneira que "a comunicação do credor ao devedor de que se não pagar no prazo consignado, considera o contrato não cumprido, à luz da teoria da impressão do destinatário, tem de ser entendida pelo devedor como estando o credor a cominar a resolução contratual"[147].

Tem-se entendido, com razão, que se pode dispensar uma autónoma declaração de resolução, por exemplo determinando logo o credor, na interpelação admonitória, que decorrido o prazo sem que se verifique o cumprimento se considera o contrato imediatamente resolvido. Não parece haver obstáculo sistemático a que a declaração de resolução seja emitida mesmo antes da constituição do correspondente direito na esfera jurídica do contraente fiel, na interpelação admonitória, condicionada ao incumprimento que determina a sua formação, conforme já se concluiu na jurisprudência[148].

4.5. Declaração antecipada de não cumprimento como incumprimento definitivo?

Entre os fundamentos de resolução, inclui-se porventura a declaração antecipada de não cumprimento (*antecipatory breach of contract*), em que o devedor manifesta a intenção de não cumprir a obrigação antes do momento em que o cumprimento é devido.

A figura é conhecida da generalidade dos direitos[149].

No direito inglês, por exemplo, aceita-se a *renunciation* que, ocorrendo antes do momento do cumprimento, corresponde ao *antecipatory breach,*

além da intimação para o cumprimento e da fixação de um termo perentório para o cumprimento, inclui-se a "admonição ou a cominação (declaração admonitória) de que a obrigação se terá por definitivamente não cumprida se não se verificar o cumprimento dentro daquele prazo". No Acórdão do STJ de 28.-jun.-2011, cit., de forma idêntica, refere-se que a interpelação admonitória, para produzir efeitos, "[...] deve conter uma intimação clara para cumprir, fixar um prazo peremptório razoável, consoante as circunstâncias do caso, e informar inequivocamente que o não cumprimento dentro do prazo terá a consequência de ter-se por não cumprida definitivamente a prestação."

[147] STJ de 19-mai.-2011 (João Bernardo), Procº Nº 6814/06.0TBBRG.S1.

[148] Cf. o acórdão da RCb. de 2-mar.-2011, cit., considerando que "nada obsta a que a declaração admonitória e a declaração resolutiva sejam feitas em simultâneo, dizendo-se, por exemplo, que caso não ocorra o cumprimento no prazo suplementar concedido, se resolve o contrato".

[149] Para um estudo comparado, cf. DÁRIO MOURA VICENTE, *Direito* cit., 324 ss.

suscetível de gerar o direito de resolução do contrato. Reconhece-se, na verdade, que o devedor, por palavras ou condutas, possa manifestar a intenção de não cumprir, ou declarar expressamente que não irá cumprir as suas obrigações de uma forma essencial. A recusa, para ser relevante, tem de ser "clara" e "absoluta", como já foi afirmado na jurisprudência[150], podendo ocorrer em termos prévios ao momento do incumprimento: se o devedor "renunciar ao contrato", o contraente fiel tem o direito de se considerar desvinculado, constituindo-se imediatamente na sua esfera jurídica o *right to terminate,* sem que tenha de esperar pelo momento do efetivo incumprimento[151]. O precedente foi estabelecido no caso *Hochster v De la Tour*[152].

No direito alemão, a matéria é contemplada no BGB: no § 281 II, prevê-se que a fixação do prazo admonitório é dispensável quando o devedor recuse séria e definitivamente a prestação. Assim, o § 286, II, 3 dispensa a interpelação após o vencimento quando o devedor recuse séria e definitivamente a prestação e o § 323, 2, 1 e 4, admite a resolução com dispensa de fixação de um prazo após o incumprimento de uma prestação vencida.

O tema encontra-se ainda previsto nos artigos 72 da Convenção de Viena, 7.3.3. dos Princípios Unidroit, 9.304 dos PECL e III-3:504 e 505 do DCFR.

A lei portuguesa, por seu lado, não lhe faz qualquer referência, apesar de a figura ser conhecida da *praxis* contratual[153] e de a doutrina e jurisprudência não deixarem de analisar os respetivos pressupostos e consequências jurídicas, distinguindo, com razão, em função dos diferentes momentos em que a declaração tipicamente surge, antes ou depois da constituição do devedor em mora, e, neste último caso, esteja ou não já a decorrer o prazo admonitório. Na verdade, quanto à respetiva localização temporal, a declaração é antecipada por referência à verifi-

[150] *Chilean Nitrate Sales Corp v Marine Transportation Co Ltd ("The Hermosa"),* [1982] 1 Lloyd's Rep 570.

[151] Rowan, *Remedies* cit., 74 e 75.

[152] [1853] 2 E&B 678, 118 ER 922 (QB); cf. também *Frost v Knight* [1987] LR7 Ex 111.

[153] Dela devem, desde logo, demarcar-se as declarações que constatem a impossibilidade objetiva ou subjetiva do cumprimento e de quaisquer outras declarações que transpareçam dúvidas sobre a viabilidade ou idoneidade do cumprimento (cf. Menezes Cordeiro, *Tratado* IX cit. 264; Joana Campos Carvalho, *Fundamentos* cit., 232).

cação de qualquer das causas que determinam o incumprimento definitivo (a perda do interesse ou o decurso do prazo admonitório)[154].

Variando embora nos termos adotados, encontra-se fixado de forma razoavelmente pacífica que a declaração, para ser eficaz, deve ser inequívoca, perentória, séria e definitiva[155]. Está em causa uma declaração "não

[154] Como expõe Brandão Proença, *A hipótese da declaração (lato sensu) antecipada de incumprimento por parte do devedor*, *Estudos em homenagem ao Professor Doutor Jorge Ribeiro de Faria*, Coimbra, 2003, 359-401 (360), trata-se de uma declaração do devedor numa fase em que o cumprimento, ou pelo menos o seu resultado, ainda não é de exigir.

[155] No acórdão do STJ de 23-nov.-2017, cit. lê-se que, "independentemente da estipulação, ou não, de um prazo pelas partes e da sua natureza, em face de um comportamento do devedor que exprima inequivocamente a vontade de não cumprir a obrigação principal, verifica-se, desde logo, um quadro de incumprimento definitivo"; "[a] recusa tanto pode ser expressa e categórica como pode ser valorada a partir de outras atitudes inequívocas e concludentes daquele comportamento". Cf. também o acórdão do STJ 13-out.-2016, cit.: "em regra e salvo se da interpretação da vontade negocial resultar diversamente, o não cumprimento do prazo previsto para a celebração do contrato definitivo gera uma situação de mora e não de incumprimento definitivo; a relevância da declaração antecipada de não cumprimento exige que a mesma seja – com diferentes cambiantes da doutrina – consciente, séria, categórica, inequívoca, definitiva, peremptória, para além de juridicamente possível". No acórdão do STJ de 22-jun.-2010 (Fonseca Ramos), Proc. 6134/05.8TBSTS.P1.S1, afirma-se: "deve considerar-se, em homenagem ao princípio do pontual cumprimento dos contratos – art. 406º, nº 1, do Código Civil – e à confiança que os contraentes depositam no cumprimento das prestações recíprocas, que constitui fundamento para a resolução do contrato a violação grave do princípio da boa-fé, que abrange os deveres acessórios de conduta, sobretudo nos casos em que o comportamento do devedor evidencie uma clara e inequívoca vontade de não cumprir. Esta clara vontade de não cumprir pode não ser expressa, admite-se que possa resultar de um declaração negocial tácita, de comportamentos concludentes apreensíveis pela actuação da parte inadimplente, em função dos deveres coenvolvidos na sua prestação, sendo de atender ao grau e intensidade dos actos por si perpetrados na inexecução do contrato, desde que objectivamente revelem inquestionável censura, não sendo justo que o credor – por mais tolerante que tenha sido na expectativa do cumprimento – esteja atido à vontade lassa do devedor. [....] Tal comportamento lesivo do princípio da boa fé e do pontual cumprimento contratual é incompatível com a intenção de cumprir o contrato que, por isso, se deve considerar definitivamente não cumprido, assistindo aos promitentes-compradores direito de retenção, nos termos dos arts. 755º, nº 1, f) e 442º, nº 2, do Código Civil, pelo crédito do dobro do sinal prestado". Cf. ainda o acórdão do STJ de 10-jan.-2012 (Martins de Sousa), cit.: "quando o devedor toma atitudes ou comportamentos que revelem inequivocamente, a intenção de não cumprir a prestação a que se obrigou, porque não quer ou não pode, o credor não tem de esperar pelo vencimento da obrigação (se ainda não ocorreu), não tem de alegar e provar a perda de interesse na prestação do devedor, nem o tem de interpelar admonitoriamente, para ter por não cumprida a obrigação". Para além deste, são múltiplos os acórdãos do STJ que reconhecem a relevância da declaração antecipada de não

viciada, precisa, com ausência de pedidos de esclarecimento ao (pelo) credor e que mostra intenção categórica, o propósito claro de o devedor não cumprir"[156]. Ou seja, tem de se tratar de declaração "pura", que revela a intenção consciente e definitiva de trocar o contrato pelas consequências da sua inexecução[157]-[158].

A declaração rege-se pelo princípio da liberdade de forma[159], podendo ser expressa ou tácita, por aplicação do artigo 217º do Código Civil, direta ou indireta, devendo, porém, necessariamente ser séria e

cumprimento [cf. *v.g.* STJ 26-abr.-2012 (Granja da Fonseca) Proc. 743/2001.E1.S1]. Por seu lado, também os Tribunais da Relação têm feito relevar a figura da declaração antecipada de não cumprimento. A título meramente exemplificativo, cf. o acórdão da RCb de 6-dez.--2011 (Henrique Antunes), Proc. 321/2002.C1, no qual pode ler-se: "[...] deve notar-se que o incumprimento definitivo surge não apenas quando por força da não realização ou do atraso na prestação o credor perca o interesse objectivo nela ou quando, havendo mora, o devedor não cumpra no prazo que razoavelmente lhe for fixado pelo credor – mas igualmente nos casos em que o devedor declara expressamente não pretender cumprir a prestação a que está adstrito ou adopta uma qualquer outra conduta manifestamente incompatível com o cumprimento. Quando tal ocorra, não se torna necessário que o credor lhe assine um prazo suplementar para haver incumprimento definitivo: a declaração do devedor é suficiente, por exemplo, no caso em que, sem fundamento, resolve o contrato, ou afirma de forma inequívoca que não realizará a sua prestação. O incumprimento definitivo traduz uma desistência, por parte do direito, de manter vivo o dever de prestar principal, na expectativa de que o devedor o cumpra".

[156] Cf. Brandão Proença, *A hipótese da declaração* cit., 370.

[157] Menezes Cordeiro, *Tratado* IX, cit., 265 e 265. Sobre o tema, cf. também, do mesmo Autor, *A declaração de não-cumprimento da obrigação*, O Direito, ano 138, I, 2006, 25-38.

[158] O referido acórdão da RLx de 09-jun-2016, alude a "comportamento revelador da sua definitiva vontade de não cumprir", considerando que como "[...] paradigma do sobredito comportamento revelador, temos a recusa categórica e ilegítima de cumprimento, que deverá apresentar-se como manifestação intencional, pessoal, unilateral, suficientemente clara, unívoca e séria, com natureza definitiva". Menezes Cordeiro, *Tratado* IX cit., 265, refere que a declaração de não cumprimento deverá ser pura, séria, definitiva, consciente e juridicamente possível.

[159] A declaração, para ser inequívoca, não tem de ser escrita. Tradicionalmente, cf., exigindo declaração escrita, Vaz Serra, *Impossibilidade superveniente. Cumprimento imperfeito imputável ao devedor*, BMJ 47 (1955), 5-97 (97). Tudo o que se exige é que se possa concluir com segurança ou muita probabilidade por um desejo inequívoco de querer fugir ao cumprimento. Cf. Brandão Proença, *Lições* cit., 334. Cf. acórdão do STJ de 23-out.-1997 (Miranda Gusmão) Proc. 97B422: "(...) a resolução do contrato, havendo elementos para ela, não carece de ser feita por escrito antes podendo ser oralmente produzindo a declaração efeitos logo que chega ao conhecimento da outra parte".

definitiva[160]. A declaração tácita, por definição, é aquela que se deduz de factos que, com toda a probabilidade, a revelam (artigo 217º/1, do Código Civil). É entendimento geralmente aceite que esta dedução deverá ser aferida por um "critério prático", baseada numa "conduta suficientemente significativa" e que não deixe "nenhum fundamento razoável para duvidar" do significado que dos factos se depreende"[161]. Nada impede que uma declaração tácita possa satisfazer os requisitos da declaração de não cumprimento. Pode, do mesmo modo, resultar de comportamentos significativos ativos ou omissivos, materiais e jurídicos[162].

Para ser "séria", a declaração não pode estar viciada de simulação[163] ou reserva mental[164], devendo gerar no credor um receio fundado resultante de um facto que não seja meramente psicológico e subjetivo[165]. Logicamente, de fora ficam também as declarações não sérias previstas no 245º do Código Civil, i.e., as declarações feitas na expetativa de que a falta de seriedade não seja desconhecida, pois, tal como decorre do nº 1 deste preceito, as mesmas carecem de qualquer efeito[166].

Assim, a declaração de não cumprimento deverá consubstanciar-se numa "conduta que, inserida circunstancialmente, permita afastar um

[160] Assim, cf., v.g., Joana Campos Carvalho, *Fundamentos* cit., 233.

[161] Acórdão do STJ de 24-mai.-2007 (Alves Velho), Proc. 07A988.

[162] Cf. Brandão Proença, *Lições* cit., 327 ss. A respeito da identificação de uma declaração antecipada de não cumprimento, cf., *v.g.*, o acórdão da RPt de 8-mai.-2012 (M. Pinto dos Santos), Proc. 1236.10.1YYPRT-A.P1, CJ nº 247, Tomo III/2012: "estando em causa um contrato de aluguer de veículo com a duração fixa de 3 anos, findos os quais o locatário restituiria ao locador tal veículo, não pode o locatário denunciar o contrato, dois anos após o início da sua vigência, comunicando ao locador que ele se extinguirá/cessará 30 dias depois do envio da respectiva missiva. Essa pretensão de extinção/cessação do contrato, por parte do locatário, não constitui revogação ou resolução, traduzindo antes inequívoca vontade de incumprir definitivamente o contrato, incumprimento que se concretizou com a restituição ao locador do aludido veículo. Este incumprimento definitivo é fundamento de resolução do contrato por parte do locador (...)".

[163] A simulação existirá se, por acordo entre declarante e declaratário, e no intuito de enganar terceiros, houver divergência entre a declaração negocial e a vontade real do declarante, sendo neste caso o negócio nulo (artigo 240º do Código Civil).

[164] Há reserva mental sempre que é emitida uma declaração contrária à vontade real com o intuito de enganar o declaratário (artigo 244º/1 do Código Civil).

[165] Cf. Brandão Proença, *A hipótese da declaração* cit., 371.

[166] Se, porém, a declaração for feita em circunstâncias que induzam o declaratário a aceitar justificadamente a sua seriedade, ele tem o direito de ser indemnizado pelo prejuízo que sofrer, nos termos do artigo 245º/2 do Código Civil.

mero receio/incerteza e concluir seguramente ou com muita probabilidade por um desejo inequívoco de querer fugir ao cumprimento"[167].

Já não há unanimidade, na doutrina nacional, em relação aos efeitos da declaração antecipada de não cumprimento. A título de síntese, podemos documentar quatro diferentes posicionamentos típicos:

(i) O primeiro – e mais radical nos efeitos atribuídos à declaração antecipada de não cumprimento – sustenta que esta consubstancia incumprimento definitivo, passível de desencadear as correspondentes consequências (nomeadamente, o pedido indemnizatório e/ou a resolução do contrato). Existe, neste caso, uma violação positiva do contrato, que faz com que a relação jurídica perca a sua força originária, desaparecendo a confiança que o credor depositava no devedor[168]. Porém, a tese é dificilmente compatível com o sistema legal que prevê um complexo processo de colocação do devedor em incumprimento definitivo: concorde-se ou não com o complexo *iter* da definitividade do incumprimento, torna-se desproporcionado[169] e pouco curial atribuir efeitos mais gravosos à declaração antecipada de não cumprimento do que ao não cumprimento propriamente dito[170].

(ii) No extremo oposto, temos a visão que, na essência, nega eficácia à declaração antecipada de não cumprimento, considerando que não existe vencimento automático, significando isto que, nas obrigações com prazo, o credor continua a ter de esperar

[167] Cf. Brandão Proença, *Lições* cit., 264.

[168] Calvão da Silva, *Sinal e contrato-promessa*, 13ª ed., Coimbra, 2010, 127 e 128; Brandão Proença, *Lições* cit., 342 ss.: é certo que tecnicamente não há incumprimento de obrigações não vencidas mas ocorre uma conduta violadora específica; segundo o Autor, não há diferença substancial na atitude do devedor que recuse o cumprimento no vencimento, no decurso da interpelação cominatória ou antes do prazo de exigibilidade: nos diversos casos, a recusa injustificada é "justa causa" de libertação do credor. Cf. Menezes Cordeiro, *Violação positiva do contrato (Acórdão do Supremo Tribunal de Justiça de 31 de janeiro de 1980)*, em *Estudos de direito civil*, vol. I, Coimbra, 1991, 115-142 (134).

[169] Menezes Leitão, *Direito das obrigações*, cit., 236 e 237, nota 499.

[170] Cf., *v.g.*, Menezes Cordeiro, *Tratado* IX cit., 265. Como escreve Januário da Costa Gomes, *Assunção fideijussória de dívida*, Coimbra, 2000, 957, a solução referida em texto "pode ser, enquanto solução geral, no quadro da harmonia do sistema, desproporcionado e excessiva", além de que "pode ainda ser, em concreto, irrazoável, pese embora a declaração de recusa de cumprimento, que o credor possa beneficiar, *de imediato*, da eliminação de *todas* as etapas que se seguiriam até surgir (eventualmente) o incumprimento definitivo".

pelo decurso do prazo e que, nas obrigações puras, se mantém a necessidade de interpelação[171]. Tal sucederia porque o devedor pode arrepender-se e vir a cumprir no prazo, além de que os casos legais de antecipação do vencimento têm natureza estritamente excecional.

(iii) Surge ainda a tese do abuso de direito por *venire contra factum proprium*[172]: existe um comportamento contraditório, contra a boa fé, quando o devedor pretende aproveitar o benefício do prazo mas fez uma declaração antecipada de não cumprimento. Porém, como aponta Menezes Cordeiro[173], não é possível considerar o ato de cumprimento, em si, como abusivo ou que "o devedor, ao voltar ao bom caminho do cumprimento, esteja, com isso, a atentar contra a boa-fé".

(iv) Por último, encontramos a construção, que julgamos preferível, que considera existir antecipação do vencimento, distinguindo em função do momento em que a declaração se verifica[174]:

[171] Pessoa Jorge, *Lições de direito das obrigações*, Lisboa, 1975-1976, 296 ss.: a solução do vencimento automático teria especial interesse nas obrigações sujeitas a prazo; simplesmente, nestas, o credor tem o seu interesse satisfeito se o devedor cumprir no prazo; "se, antes deste, o devedor declara não cumprir mas depois se arrepende e se apresenta a cumprir no momento inicialmente fixado, o credor não terá de se queixar, porquanto tem a prestação devida na altura prevista". Além disso, sublinha o Autor que estaria em causa a antecipação do vencimento ou da exigibilidade, sendo certo que estas têm natureza excecional; Romano Martinez, *Cessação* cit., 138 adota também um entendimento similar, ressalvando, porém, a intervenção da boa fé: a declaração antecipada não produz os efeitos do não cumprimento definitivo mas dispensa a fixação de um prazo admonitório quando ocorrer o incumprimento, ou seja, logo que ocorra o vencimento o incumprimento tem-se por definitivo; o Autor admite, porém, que o princípio seja alterado por força das regras da boa fé, sempre que se justifique tutelar o credor que confiou na declaração do devedor de incumprimento antecipado.

[172] Ferreira de Almeida, *Recusa de cumprimento declarada antes do vencimento. Estudo de Direito comparado e de Direito português*, em *Estudos em memória do Professor Doutor João de Castro Mendes*, s/data, 289-317 (311).

[173] *Tratado* IX cit., 263.

[174] Almeida Costa, *Direito das obrigações* cit., 1008-1009; Ribeiro de Faria, *Direito das obrigações*, Coimbra, 1990, 2, 447; Menezes Cordeiro, *Tratado* IX cit., 264. Menezes Leitão, *Direito das obrigações* cit. 236 e 237; cf. também Januário da Costa Gomes, *Assunção* cit., 957, sublinhando que "a *desconfiança* gerada por uma tal declaração do devedor, num quadro obrigacional em que os sujeitos do vínculo contam com um termo certo, se há-de ter um efeito lógico imediato é o de *desconsiderar* o referido termo, ficando a obrigação sujeita ao regime das obrigações puras. Parece-nos assim, como princípio, que a declaração (relevante) de

- *Se, na obrigação pura, a declaração ocorrer antes da interpelação,* dá-se o vencimento antecipado automático, dispensando-se a interpelação para passar à exigibilidade forte[175].
- *Na obrigação com prazo ainda não vencida,* pode existir também antecipação do vencimento mas apenas se o prazo for fixado a favor do devedor, entrando este imediatamente em mora. Se o prazo for a favor do credor, desde que o devedor cumpra no prazo, fica satisfeito o seu interesse[176].
- *Na obrigação com prazo já vencida,* i.e., quando já existe mora do devedor, estando este consciente da mora, a declaração de não cumprimento dispensará a interpelação admonitória prevista no artigo 808º/1[177].

4.6. Inexigibilidade ou perda da confiança ("justa causa")

4.6.1. A justa causa como fundamento de resolução

Finalmente, o incumprimento é, por natureza, definitivo quando é gerador de perda de confiança na contraparte, pela sua gravidade e caráter "sintomático"[178], de tal maneira que torna desrazoável manter o credor

recusa de cumprimento não confere ao credor o *direito potestativo* 'de antecipar as pretensões que do incumprimento decorreriam', uma vez que, *a priori*, o mais razoável é que o credor deva, pelo menos, conceder ao devedor um prazo suplementar (art. 808) – caso em que o direito potestativo em causa é o de antecipar as pretensões que decorrem do vencimento antecipado. (....) Diverso será o caso em que a declaração de recusa de cumprimento seja posterior ao venciomento da obrigação; a fixação de um prazo suplementar não fará então sentido, podendo o credor, de imediato, antecipar as pretensões que do incumprimento decorrem".

[175] Cf., *v.g.*, MENEZES CORDEIRO, *Tratado* IX cit., 265 e MENEZES LEITÃO, *Direito das obrigações* cit., 236. Contra, PESSOA JORGE, *Lições de direito das obrigações,* Lisboa, 1975-1976, 297.

[176] Cf. MENEZES CORDEIRO, *Tratado* IX cit., 265.

[177] Cf., *v.g.*, o acórdão da RPt. de 02-05-2013 (Pinto de Almeida), Proc. 1434/10.8TBGDM. Pl: "a declaração inequívoca, categórica e definitiva de não querer ou não poder cumprir configura um incumprimento e é pressuposto suficiente de consequências jurídicas imediatas, como a exigibilidade do cumprimento ou a resolução do contrato, sem passar pelo artº 808º do Código Civil".

[178] BAPTISTA MACHADO, *Pressupostos* cit., 138 e 139 ["(...) a particular natureza do contrato faz com que cada prestação, ou cada inadimplemento, não devam ser tomados e valorados isoladamente, mas, antes, com referência à relação contratual complexiva (....); "mas um

adstrito à sua obrigação: existe, neste caso, "justa causa" de resolução. Trata-se do grupo de casos que maior interesse dogmático revela e que maiores desafios coloca ao intérprete-aplicador. Pertence à essência da quebra de confiança a sua definitividade e consequente impossibilidade de ser remediada: uma vez quebrada a confiança, não poderá, por definição, ser reposta, tornando inexigível o prolongamento da relação obrigacional[179]-[180]. Por isso, estamos sempre perante hipóteses em que o incumprimento, pelas características que reveste, é imediatamente tido como definitivo (dispensando, portanto, a interpelação admonitória[181]).

inadimplemento, ainda que de menor importância, já poderá legitimar a resolução se, pela sua natureza e pelas circunstâncias de que se rodeou (...) for de molde a fazer desaparecer confiança do credor no exacto e fiel cumprimento das prestações subsequentes (...) aqui o inadimplemento tem a função ou o valor de um elementos *sintomático* (...)"]; Pinto de Oliveira, *Princípios de direito dos contratos,* Coimbra, 2011, 871 ss. Desenvolvidamente, cf. o acórdão do STJ de 17-mai.-2018, cit.

[179] RLx 28-abr.-2011 (Fátima Galante), Proc. 4720/04.2TBOER.L1-6: "não é qualquer incumprimento que legitima a outra parte a resolver o contrato. Tal direito só é correctamente exercido se a falta for especialmente grave (em si mesma ou pelo carácter reiterado que reveste), em termos de não ser exigível a um dos contraentes continuar adstrito ao contrato".

[180] Como escreve Ribeiro de Faria, *A natureza* cit., 28, "(...) a lei faz depender a resolução da existência de uma *justa causa.* Isso verifica-se mesmo com total justificação em situações em que as relações obrigacionais se protraem no tempo como sucede nas prestações continuadas. É a quebra do princípio da boa fé a exigir a reformulação do relacionamento *inter-partes*".

[181] Sobre a desnecessidade de interpelação admonitória nestes casos de justa causa, cf. *v.g.* o acórdão da RLx 11-jul.-2002 (Tomé Gomes), Proc. 12296/01, CJ Tomo IV/2002: "(...) sendo a falta de cumprimento por parte do devedor geradora da quebra de confiança por parte do credor, esta não é suprível por um cumprimento realizado sob admonição". Na jurisprudência, por vezes sublinha-se, em relações de caráter duradouro e que envolvem uma especial relação de proximidade entre as partes, em função do contexto concreto, a necessidade de, independentemente da existência de justa causa decorrente da gravidade do incumprimento, existir um aviso ao devedor ou declaração admonitória. Tudo dependerá, porém, da gravidade e impacto do comportamento e do contexto relacional concreto. Como se lê no acórdão da RLx 8-6-2004 (Abrantes Geraldes), Proc. 4390-04, CJ nº 175, Tomo III/2004, no contexto de contrato de concessão, "em sede de uma relação de carácter duradouro (durava havia 40 anos), independentemente do direito de uma das partes de denunciar o contrato, não poderia proceder à sua resolução sem que, para tal, houvesse um motivo suficientemente grave e, além disso, sem que tivesse dirigido à outra parte uma declaração admonitória que a alertasse para as consequências da manutenção de uma situação considerada como de incumprimento. Uma carta contendo o aviso de que a questão existente entre as partes iria passar para o contencioso não é suficientemente explícita quanto às consequências que iriam ser extraídas".

Explica o STJ[182] que "[os] pressupostos da resolução por justa causa não se confundem com os pressupostos do regime da transformação da mora em incumprimento definitivo (art. 808º do CC), posto que o juízo de verificação da justa causa resolutiva assenta na avaliação da ruptura da relação de confiança entre as partes e não na aferição da subsistência ou não do interesse do credor na prestação". Acrescenta o mesmo Tribunal que, se perante o caso concreto a factualidade provada revelar que a confiança "ficou irremediavelmente afectada, é de concluir que se tornou inexigível a subsistência do vínculo contratual, o que consubstancia justa causa resolutiva, sem necessidade de recurso prévio à interpelação admonitória exigida pelo regime do art. 808º do CC"[183].

4.6.2. "Exigibilidade" e "razoabilidade". Aspetos gerais

Os casos de justa causa de resolução, que ora tratamos, reconduzem-se, em última análise, ao princípio da boa fé, do qual resulta que é *desrazoável* manter o sujeito vinculado ao contrato quando a outra parte violou gravemente as suas obrigações, quebrando a confiança depositada na contraparte.

Impõe-se saber em que situações é possível resolver o contrato com este fundamento. Por vezes, as causas de inexigibilidade são reguladas no contrato. Mas, mesmo quando isso acontece, não se pode entender que relevam exclusivamente esses fundamentos e que, por ter sido essa a vontade expressa das partes, outros não poderão existir. Pelo contrário, mesmo admitindo que as partes assim o haviam pretendido, tal argumentação não poderia, em circunstância alguma, proceder. Haja ou não regulação contratual, é sempre necessário interpretar o acordo. Mais que isso, a resolução por justa causa baseia-se no princípio da boa

[182] Em acórdão de 17-mai.-2018 (Maria da Graça Trigo), Proc.: 567/11.8TVLSB.L1.S2.

[183] Cf. também, a título de exemplo, o acórdão do STJ de 20-mai.-2015 (Manuel Tomé Soares Gomes), Proc. 1311/11.5TVLSB.L1.S1, CJ 264, Tomo II/2015: "é reconduzível à perda do interesse do credor a situação do promitente comprador que, no contrato promessa de compra e venda de imóvel para habitação, entregou como sinal elevada quantia, foi viver no imóvel e, apesar de estar clausulado que a venda seria efetuada livre de quaisquer ónus ou encargos, sem o seu conhecimento, viu incidirem sobre o mesmo duas hipotecas e duas penhoras, com o processo executivo relativo a uma delas na fase de venda". "Ainda que se considere que tal situação se não reconduz ao incumprimento definitivo, ela é de tal modo violadora do princípio da boa fé contratual que constitui fundamento de resolução do contrato por parte do promitente comprador".

fé, que não é disponível pelas partes: não existe *opt out* quanto à aplicabilidade das regras da boa fé, pelo que os contraentes não poderão excluir a resolubilidade por via de cláusula negocial, como já dissemos. A densificação que se faça daquilo que pode/deve ser considerado *(in)exigível* será sempre uma forma de aproximação ao conteúdo relevante do contrato, não necessariamente coincidente, pelo menos de forma integral, com a vontade das partes. Valem, como veremos, as regras da interpretação jurídica. O mesmo sucede quando não há regulação expressa.

Sem prejuízo de um conjunto de princípios e diretrizes gerais que de seguida apontamos, saber se o incumprimento é suficientemente grave para permitir a desvinculação da contraparte fiel configura sempre, efetivamente, um *problema de interpretação do contrato em concreto*[184]. Só através do exercício interpretativo, sempre balizado pelo princípio da boa fé[185], é possível apurar se o incumprimento da concreta obrigação assume, no contexto específico, impacto tão significativo que justifique a aplicação do mais grave remédio para o inadimplemento.

A matéria da interpretação do negócio jurídico pertence ao núcleo mais tradicional das questões objeto de atenção dos juristas, tanto práticos, como teóricos. Assume, desde há muito, um lugar principal na análise jurídica, lugar esse que, na verdade, nunca poderá abandonar, atenta a sua centralidade, *rectius* prejudicialidade, face à generalidade das questões relacionadas com o negócio jurídico. Tendo em conta a transversalidade do tema, não se impõe, aqui, um estudo geral da interpretação ou uma reelaboração global da matéria. Na linha de Manuel de Andrade, continua a ser perigoso tentar solucionar os problemas da interpretação de uma vez para sempre quando nos situamos num campo

[184] Da mesma maneira que a própria identificação da situação de incumprimento, em si mesma, passa necessariamente por um exercício interpretativo do contrato, como se refere no acórdão do STJ de 12-jan.-2017 (Lopes do Rego), cit.: "como questão logicamente prévia à qualificação de uma situação de incumprimento de obrigações contratuais, impõe-se a interpretação das declarações negociais das partes, de modo a determinar quais foram exactamente as obrigações contratualmente assumidas pelos litigantes no contrato celebrado".

[185] Cf., *v.g.*, o acórdão do STJ de 15-jan.-2015 (Fernanda Isabel Pereira), Proc. 883/08.6TVPRT.P1.S1, nos termos do qual "não seria razoável, sendo até desproporcionada e geradora de forte desequilíbrio contratual, e, por conseguinte, contrária à boa fé, a interpretação da cláusula contratual em questão com o sentido e o alcance que a autora pretende atribuir-lhe".

de "tanta complexidade e transcendência"[186]. O que é certo é que o instituto da *inexigibilidade* é abordado por vezes de forma isolada, no âmbito das vicissitudes contratuais, mas deve ser analisado, paralelamente, logo do ponto de vista intrínseco ao contrato e, portanto, da ótica da interpretação. O ponto de partida é, inevitavelmente, o estudo magistral de BAPTISTA MACHADO[187] e a consideração tecida pelo Autor de que a noção normativa de *razoável* se integra na própria obrigação assumida, como eventual limite ao sacrifício exigido ao devedor. Ao contrário da premissa de que parte a maioria da doutrina, o conceito de exigibilidade não é exterior ao contrato, mas tem, antes, uma função constitutiva, que carece de ser definida, utilizando os cânones interpretativos.

A interpretação do contrato procura, finalmente, a *"justiça contratual"*, na qual está implícita precisamente a ideia de exigibilidade e, nesse sentido, de razoabilidade. Esta merece, assim, ver-lhe atribuído lugar central na interpretação do contrato.

Noutros direitos, como o norte-americano, já se tem defendido uma "hierarquia invertida", com o primado da "*razoabilidade*", quando se trata de interpretar ou completar o contrato, *maxime* no que respeita ao seu cumprimento ou não cumprimento[188]-[189]. Tradicionalmente coloca-se no topo da pirâmide hierárquica dos esquemas interpretativos o acordo expresso das partes, devendo, na impossibilidade de o identificar, deduzir-se as intenções das partes da totalidade do contrato e das circuns-

[186] Cf. MANUEL DE ANDRADE, *Fontes de direito, vigência, interpretação e aplicação da lei. Exposição de motivos*, BMJ, nº 102, jan.-1961, 141-152 (150), que, a propósito do art. 9º do Código Civil, assume ter pretendido deixar campo livre para a atividade interpretativa. Não entramos nas controvérsias sobre subjetivismo e objetivismo. A questão já foi alvo de extensos e aprofundados estudos que pouca utilidade teria, nesta sede, retomar. Aliás, já em 1963, HEINRICH LEHMANN, *Allgemeiner Teil des Bürgerlichen Gesetzbuches*, 14ª ed, Berlim, 1963, afirmava, a propósito da interpretação da lei, que nenhuma destas teorias (objetiva ou subjetiva) deve ser aceite na íntegra, porque cada uma deve fazer concessões ao pensamento da outra. Só conciliando as duas vertentes, se alcança maior segurança e flexibilidade.

[187] *A cláusula do razoável*, em *Obra dispersa*, I, Braga, 1991, 457-621 (467).

[188] Cf. EYAL ZAMIR, *The inverted hierarchy of contract interpretation and supplementation.* Columbia Law Review, Vol. 97, No. 6, 1997. Disponível em SSRN: https://ssrn.com/abstract=1097642.

[189] Cf., em contrapartida, a respeito do direito inglês, A. BARRETO MENEZES CORDEIRO, *Direito inglês dos contratos*, vol. I, Lisboa, 2017, 107, aludindo à diretriz de que "a ideia do que é razoável ou não razoável é alheia ao processo interpretativo". Sobre o tema à luz do direito inglês cf. também, do mesmo Autor, *A interpretação contratual anglo-saxónica*, O Direito 141º (2009), III, 665-678.

tâncias que o rodeiam, *i.e.*, as intenções das partes seriam a mais importante fonte para o estabelecimento dos seus direitos e obrigações. Uma "hierarquia invertida" sugere que os *standards* de razoabilidade e boa fé (*reasonableness, good faith*) são o ponto de partida para a determinação do significado do contrato. No fundo, está em causa a própria finalidade do processo interpretativo: visa-se essencialmente aferir se é a vontade das partes ou se são os valores sociais que desempenham aqui o papel essencial[190], perguntando se o processo interpretativo é livre de juízos normativos ou se, pelo contrário, assenta apenas nesses juízos. Tem-se defendido, por vezes, que a determinação da vontade real das partes depende de se considerar o sentido "razoável" ou conforme à "boa fé". Prefere-se normalmente o significado "razoável" do contrato (*maxime,* quando se trata da "*doctrine of unenforceability*" por razões públicas): ora, a razoabilidade não é determinada apenas entre as partes contratantes, antes recorre a um juízo normativo sobre a *fairness* do acordo. I.e., o problema está, afinal, a nosso ver, mal colocado, já que não existe uma hierarquia entre "esquemas interpretativos". A razoabilidade, boa fé, *fairness* e justiça são critérios normativos, mas que assentam no modelo tradicional da descoberta da vontade das partes: a "pessoa razoável" quis normalmente um "contrato razoável"[191]-[192].

Trata-se, isso sim, de reconhecer um determinado papel de realização da justiça e equidade ao direito contratual, o que de forma alguma se confunde com a conhecida conceção de Morris R. Cohen[193] do direito dos contratos como direito público, como o ramo do direito que fornece as condições e determina as circunstâncias em que o poder soberano do Estado é exercido entre as partes em transações mais ou menos voluntárias. Afinal, deparamo-nos com o problema de "justiça

[190] A propósito da *socialização* do direito civil, pode ver-se Guilherme Machado Dray, *Breves notas sobre o ideal de justiça contratual e a tutela do contraente mais débil,* sep. dos *Estudos em homenagem ao Professor Doutor Inocêncio Galvão Telles,* vol. I, Coimbra, 2003, 94 ss.

[191] Cf. Eyal Zamir, *The inverted* cit., 1722 e 1723.

[192] Uma forma de evitar contratos contrários à boa fé é, no direito norte-americano, a regra da *interpretatio contra proferentum* ou *contra stipulatorum,* i.e., a regra segundo a qual o contrato deve ser interpretado no sentido contrário àquele que beneficia o seu relator. A regra tem sido especialmente aplicada no caso de contratos de seguro e de consumo. Sobre esta regra no ordenamento italiano, cf., Michele Capodanno, *L'interpretazione del contratto,* Milano, 2006, 287 ss.

[193] *The basis of contract,* 46 Harvard Law Review 553 (1933), 553-592.

contratual", que tecnicamente é vertido num problema de relevância da razoabilidade ou exigibilidade de certa conduta.

Questão delicada é a relação entre "razoabilidade" e "boa fé". O próprio conceito de "razoabilidade", frequentemente utilizado, não é fácil de descrever. Está em causa, na essência, a busca de "equilíbrio prático", mas o seu núcleo conceptual não se traduz num conjunto de requisitos e regras predeterminadas, antes fornece critérios multifacetados cujo conteúdo varia de caso para caso: será por isso um "critério normativo sensível ao contexto" (*context-sensitive normative criterion*), i.e., um conceito que é especificado de diferentes formas dependendo do contexto[194]. Implica, no fundo, uma ideia de equidade[195], ainda que se possa exigir, mais limitadamente, e seguindo a conceção de GIOVANNI SARTOR[196], não uma decisão ótima mas sim "suficientemente boa" (aceitável ou, pelo menos, não inaceitável): é a ideia de uma "razoabilidade *suficientista*" (*sufficientist reasonableness*). Aplicado ao caso concreto que nos ocupa, e seguindo LARENZ[197], o que escrevemos implica que é, em última análise, a ideia de um "direito equitativo" que deve guiar o juiz na interpretação e complementação do contrato. A "razoabilidade" (*ragionevolezza*) surge como "um meio para a satisfação de valores e um valor em si mesma sem o qual nenhum outro valor pode realizar-se de modo adequado"[198].

A unidade conceptual e coesão da "razoabilidade" emergiria, segundo alguns, quando se atende ao conceito por confronto com o de "racionalidade": o primeiro incluiria, mas não seria redutível a este último, designadamente por partir de considerações morais. Compreende-se, até certo ponto, a distinção e, em especial, a ideia de que a racionalidade é "orientada por um fim"; enquanto a razoabilidade é "orientada por valores" e contém elementos morais, ao contrário do racional. Melhor será, todavia, um entendimento da racionalidade (enquanto razão prática),

[194] Introdução a GIORGIO BONGIOVANNI *et alii* (eds.), *Reasonableness and Law*, Heidelberg, London, New York, 2009, pp. XI e ss.

[195] Assim, ARTHUR RIPSTEIN, *Reasonable persons in private law*, em GIORGIO BONGAVANNI *et alii*. (eds.), *Reasonableness and Law* cit., 255 ss. (256).

[196] *A sufficientist approach to reasonableness in legal decison-making and judicial review*, em GIORGIO BONGAVANNI *et alii*. (eds.), *Reasonableness and Law* cit., pp. 17 ss. (17).

[197] *Die Methode der Auslegung des Rechtsgeschafts: zugleich ein Beitrag zur Theorie der Willenserklärung*, Frankfurt A.M., 1966, 106.

[198] FRANCESCO VIOLA, *Ragionevolezza, cooperazione e regola d'oro*, Anuario di ermeneutica giuridica, *Ragionevolezza e interpretazione*, Milano, 2002, 109-129 (111).

como o defendido por ALEXY, segundo o qual a racionalidade compreende tudo o que a razoabilidade compreende e que ser racional e ser razoável são afinal o mesmo[199].

Não é este, evidentemente, ensejo para regressar ao problema da relação entre razoabilidade e racionalidade. Interessa sim, aqui, a relação entre aquele conceito e o de boa fé.

Na nossa conceção, a boa fé incorpora a ideia de razoabilidade, mas nem uma nem outra são em rigor extrínsecas ao contrato. Julgamos que, neste contexto, a boa fé deve ser considerada numa dupla perspetiva: por um lado, como cânone hermenêutico; por outro, como elemento implícito e não extrínseco ao contrato.

Em primeiro lugar, retomando a explicação de SCOGNAMIGLIO[200], a sugestão de recurso à boa fé liga-se a um aspeto ulterior da elaboração tradicional desta cláusula geral, segundo a qual esta se consubstancia na atribuição ao juiz de poderes amplos e determinados para realizar a adequação do contrato às exigências éticas. Neste quadro teórico, compreende-se que à boa fé – vista ora como critério de interpretação do contrato, ora como critério de valoração do comportamento das partes na fase executiva – seja guardado o fim de resolver situações em que o vínculo contratual se revela injusto para um dos contraentes. Daí a preocupação de que o juiz não sobreponha a sua própria vontade à das partes contratantes[201].

Tal prende-se com o segundo aspeto que deve aqui ser sublinhado: a boa fé não é conceito extrínseco ao contrato e não se lhe impõe apenas como princípio geral (independentemente da sua forma de concretização), antes integra o seu conteúdo. Só assim é possível densificar o conceito, cujas exigências são diretamente conformadas pelo próprio contrato em questão. Neste aspeto, cumpre reconhecer que em certo sentido nos aproximamos, apesar do diferente enquadramento de base, da ideia norte-americana da boa fé como *implied term*[202] mas, se esta é

[199] Cf. ROBERT ALEXY, *The reasonableness of law*, em GIORGIO BONGIOVANNI *et alii.* (eds.), *Reasonableness and Law* cit., 5 ss. (5).

[200] *Interpretazione e interessi dei contraenti,* Milano, 1992, 336 ss.

[201] Cf. SCOGNAMIGLIO, *Interpretazione* cit., p. 345.

[202] Os tribunais são chamados a pronunciarem-se sobre a interpretação deste dever implícito de boa fé: cf. RICHARD E. SPEIDEL/IAN AYRES, *Contract law,* 6ª ed., New York, 2003, 658. Sobre os modelos legais da *implied obligation of good faith,* cf., *v.g.,* EMILY M.S. HOUH, *The doctrine of good faith in contract law: a (nearly) empty vessel?* (2005). Faculty Articles and Other

expressiva, já nos afastamos, decisivamente, da ideia de que os tribunais deveriam delegar nas partes a decisão de incluir ou excluir a boa fé dos respetivos contratos, por razões de eficiência[203]: não há, como é evidente, possibilidade de *opt-out* no que respeita à boa fé, da mesma maneira que não há em relação à interpretação.

O que deve, portanto, é ter-se presente que não existe uma concretização geral e absoluta da boa fé e que, na medida em que esta integra o próprio contrato, o esforço da sua densificação é afinal um exercício interpretativo de aproximação ao conteúdo relevante do contrato, não necessariamente coincidente, de forma integral, com a vontade das partes. Coerentemente, resta reconhecer que deve fazer-se uma inversão do "ponto de mira", passando o "óculo" a ser o caso concreto, nos termos próprios do método do caso[204]. Por outras palavras, sendo a boa fé, tal como a inexigibilidade enquanto seu precipitado, um elemento endógeno do contrato, pretender atribuir-lhe um conteúdo geral seria o mesmo que pretender uma resolução geral dos problemas de interpretação, o que é, naturalmente, inviável[205].

A recondução da inexigibilidade, de novo, ao núcleo do contrato significa a simultânea recolocação dentro dos próprios limites do contrato – descobertos por via interpretativa – de institutos muitas vezes compreendidos em termos exteriores ao negócio (como é o caso, *v.g.*,

Publications. Paper 103. http://scholarship.law.uc.edu/fac_pubs/103, pp. 5 ss. Cf. Elisabeth Peden, *Implicit good faith – or do we still need an implied term of good faith?*, (jan.-2009). Journal of Contract Law, Vol. 25, 2009; Sydney Law School Research Paper No. 09/01. Disponível em http://ssrn.com/abstract=1326690, defendendo a desnecessidade, mesmo na *common law*, da boa fé como *implied term*.

[203] Assim, cf., *v.g.*, Simone M. Sepe, *Good faith and contract interpretation. A law and economics perspective* (ag.-2010), SIena Memos and Papers in Law & Economics – SIMPLE Paper No. 42/06; Arizona Legal Studies Discussion Paper No. 10-28. Disponível em SSRN: http://ssrn.com/abstract=1086323.

[204] Cf. Carneiro da Frada, *Direito civil. Responsabilidade civil. O método do caso*, Coimbra, 2006, 134.

[205] Apelando para o caso concreto, escreve Pais de Vasconcelos, *A natureza das coisas*, em *Estudos em Homenagem ao Professor Doutor Manuel Gomes da Silva*, Coimbra, 2001, 707-764 (755), "a concretização do comportamento devido em boa fé, por exemplo, tem de ser feita sob a orientação dada pelo princípio ético-jurídico supra-legal da boa fé – o *honeste agere* – mas também tendo presentes as circunstâncias do caso – a *natureza do caso*".

da alteração das circunstâncias[206]), da mesma maneira que permite dar relevância às situações tradicionalmente apresentadas como de "impossibilidade moral" (que podem assim relevar como casos de inexigibilidade em concreto[207]), para além de tornar possível a delimitação interpretativa dos factos fundamentadores da aplicação do regime do incumprimento. É, afinal, a determinação dos limites da vinculação do credor que está, aqui, em causa[208]. Com isso não se é levado a "uma sobreposição da ideia de 'justiça contratual' do tribunal à das partes"[209], porquanto se trata sempre, ainda, de um exercício de interpretação do contrato. Este é permitido pelo ordenamento jurídico, o qual consente, "dentro de certos limites", que o jurista efetue, no lugar do legislador, "juízos de valor e decisões de vontade"[210].

Em suma, o conceito de inexigibilidade é efetivamente operativo e não pode senão ser tomado como elemento intrínseco do contrato descoberto por via interpretativa. Estamos face a um fenómeno de penetração no contrato de elementos heterónomos – ainda que não externos – que têm de ser considerados na interpretação. Com uma solução deste tipo evitamos uma cisão entre estudos metodológicos e a realidade em si e, portanto, não resumimos a nossa análise ao que, tradicionalmente, se apelida de "irrealismo metodológico"[211]. Alcançamos, assim, uma concretização do direito que percorre a distância que medeia entre o contrato e o caso concreto[212], considerando o próprio caso como elemento decisivo na interpretação do negócio e que, portanto, nele se deve integrar. Reconhecemos plenamente que "o que no mundo dos conceitos

[206] Problema diferente, embora intimamente ligado com o da interpretação, é o do erro: cf. A. FERRER CORREIA, *Erro* cit., 155 ss.

[207] Cf., sobre os casos de *dificuldade extraordinária*, cf. PINTO DE OLIVEIRA, *Contributo para a 'modernização' das disposições do Código Civil português sobre a impossibilidade da prestação*, em *Estudos sobre o não cumprimento das obrigações*, 2ª ed., Coimbra, 2009, pp. 11-32 (15 ss.).

[208] Cf. PINTO DE OLIVEIRA, *Princípios* cit., 563 ss., com amplas referências bibliográficas.

[209] PAULO MOTA PINTO, *Interesse contratual negativo e interesse contratual positivo*, vol. II, Coimbra, 2008, nota 3446.

[210] KARL ENGISCH, *Introdução ao pensamento jurídico*, 3ª ed., Lisboa, 1972, p. 222.

[211] Cf. MENEZES CORDEIRO, *Da boa fé no direito civil*, Coimbra, 1984, 400 ss.

[212] Cf. MENEZES CORDEIRO, *A "impossibilidade moral": do tratamento igualitário no cumprimento das obrigações*, em *Estudos de direito civil*, vol. I, 2ª reimpr., Coimbra, 1994, 97-114 (98).

parecia saudável pode revelar-se mórbido na vida"[213], obrigando, assim, a ver na interpretação inserida na vida social o único contexto onde podem ser descobertos problemas jurídicos.

Feito este enquadramento, passemos à análise concreta do incumprimento que gera justa causa de resolução. Perguntamos, agora, que características tem de apresentar o não cumprimento para que se torne inexigível a manutenção do contrato, permitindo à contraparte fiel a respetiva desvinculação.

4.6.3. O incumprimento relevante como conceito unitário e neutro

Na linha do que temos visto em geral a respeito do incumprimento resolutório, também aqui o incumprimento passível de configurar justa causa de resolução é consensualmente reconhecido como um conceito amplo: nas palavras de BAPTISTA MACHADO, que assumem alcance geral, "toda a violação ou todo o desvio de certa importância do programa contratual deverá conferir em princípio ao credor um direito de resolução"[214]-[215].

A justa causa pode corresponder efetivamente a qualquer violação do programa contratual[216] desde que atinja o patamar de relevância legal ou contratualmente definido. Para fazer esse juízo, há que atender às cláusulas inobservadas, interpretando-as no contexto do contrato como um todo, identificando o "programa económico" posto em prática pelas partes e os interesses com ele correlacionados. O incumprimento que gravemente atinja esse programa, desequilibrando o negócio, permite a resolução pelo contraente fiel: perante o quadro

[213] Cf. PAIS DE VASCONCELOS, *O efeito externo da obrigação no contrato-promessa, Colecção Scientia Iuridica*, Braga, 1983, 7, a propósito da execução específica da declaração negocial do promitente faltoso num contrato-promessa.

[214] BAPTISTA MACHADO, *Pressupostos* cit., 4. A doutrina de BAPTISTA MACHADO encontra amplo eco na jurisprudência, como vemos *infra*.

[215] No direito alemão, os §§ 323 e 324 BGB atribuem expressamente ao credor o direito de resolução do contrato por inobservância de *deveres de prestação* e de *deveres (acessórios) de conduta*. Se num contrato bilateral sinalagmático o devedor infringir um dever abrangido pelo § 241 II, o credor pode resolvê-lo se a vinculação ao contrato já não lhe é exigível. Sobre este regime, cf. entre nós, PINTO DE OLIVEIRA, *Estudos sobre o não cumprimento das obrigações*, 2ª ed., Coimbra, 64, 65.

[216] PAOLO CEDON, *Commentario* cit., 830.

de *gravidade objetiva do incumprimento e de irreversível eliminação do equilíbrio contratual*, a resolução afirma-se como meio idóneo de proteção do contraente[217].

Como já se escreveu, o esforço de catalogar *ex ante* as *fattispecies* de incumprimento relevante é infrutuoso. A efetiva alteração do equilíbrio contratual depende não do recurso abstrato a categorias jurídicas genéricas mas da consideração da específica situação em causa[218]. Daí que se aponte a prevalência de uma *noção unitária e neutra de incumprimento*:

- *unitária* porque engloba todas as modalidades que este pode revestir;
- *neutra* porque a causa pela qual se deixou de cumprir não afeta a existência do incumprimento[219].

Assim, como linhas orientadoras do preenchimento deste conceito deve apontar-se que:

- releva o facto objetivo do incumprimento, a mera inobservância do regulamento negocial e não qualquer fator subjetivo[220]; não importa a razão do incumprimento ou a sua imputabilidade subjetiva[221];

[217] Numa linha não muito diferente, cf. o acórdão do STJ de 11-fev.-2015 (Gabriel Catarino), cit.: "o exercício do direito à resolução depende de uma ponderação de interesses, exigindo-se uma adequação entre a eficácia extintiva da figura e os seus pressupostos e limites que a conformam, mormente a gravidade do comportamento (apreciada pela intensidade da culpa, pela amplitude e pelas consequências ou reiteração da violação, avaliando-se igualmente a natureza do dever violado e a forma como tal se manifesta) que o espoleta, o que permite submeter a resolução ao controlo axiológico da boa fé (assim se arredando os incumprimentos pouco prejudiciais ou a mera conveniência pessoal do credor), sendo ponto assente que o uso daquele direito supõe imprescindivelmente a existência de uma razão substancialmente idónea e inconsútil para que a relação não possa prosseguir ou, pelo menos, manter-se nos termos em que tinha sido consolidada por vontade liberta das parte".

[218] Lucantioni, *L'inadempimento* cit., 786.

[219] Lis Paula San Miguel Pradera, *La resolución* cit., 1702 e 1704.

[220] Paolo Cedon, *Commentario* cit., 830.

[221] Sucede assim mesmo na falta de regime especial, como aquele que identificamos no artigo 30º, *b)* do Decreto-Lei nº 178/86, de 3 de julho, em que se permite a resolução do contrato de agência "se ocorrerem circunstâncias que tornem impossível ou prejudiquem gravemente a realização do fim contratual, em termos de não ser exigível que o contrato se mantenha até expirar o prazo convencionado ou imposto em caso de denúncia". Apesar do desenvolvimento superior da lei da agência, também no âmbito geral do Código Civil a solução é a mesma, em nome do princípio da boa fé, o qual torna inadmissível o prolongamento do vínculo negocial desequilibrado.

- não releva se se trata de obrigação principal, secundária ou acessória, desde que esteja preenchida a exigência de gravidade[222];
- não se exige, coerentemente, que a falta de cumprimento seja de uma prestação correspetiva ou que se quebre o sinalagma[223];
- não fica excluída a resolução por o incumprimento ser relativo ou parcial;
- também não fica afastado o instituto em caso de inexatidão ou atraso no cumprimento[224];
- pode tratar-se de um incumprimento episódico ou de um incumprimento persistente[225];
- também não é necessário o incumprimento gerar danos à contraparte fiel.

De entre os elementos apontados, cumpre determo-nos naqueles que levantam habitualmente maiores dificuldades e, designadamente,

[222] Mesmo a falta de execução de uma prestação aparentemente acessória e, portanto, de valor económico menor ou irrelevante por confronto com a prestação primária ou principal pode não ser de escassa importância à luz do interesse concretamente perseguido pelo credor, comprometendo a utilização da prestação principal ou diminuindo significativamente o seu valor. Cf. CLAUDIO TURCO, *L'imputabilità* cit., 125.

[223] A falta de execução de uma das prestações correspetivas (numa lógica sinalagmática) é condição suficiente mas não necessária para que a parte fiel possa aceder à resolução. Nestes termos, não é indispensável a rotura do sinalagma. Importa a incidência do incumprimento no "equilíbrio negocial". Assim, GIUSEPPE FRANCESCO AIELLO, *La giurisprudenza* cit., 736 e 737. Sobre a exigência de que as prestações sejam sinalagmáticas, cf. GIOGIO CIAN/ALBERTO TRABUCCHI, *Commentario breve al codice civile*, Padova, 1980, 1453. A ideia de que o fundamento da resolução é a alteração do sinalagma, constituindo o incumprimento uma anormalidade funcional do contrato, foi posta em causa. Como escreve BERTINO, *Le clausole* 138, contra a tese da anomalia do sinalagma ou anomalia funcional, deve apontar-se que esta é tautológica já que na substância o que se está a afirmar é apenas que a resolução tem a sua origem no incumprimento; além de que seria possível a ação de cumprimento para remover a anomalia.

[224] Cf. CLAUDIO TURCO, *L'imputabilità* cit., 122, em crítica à rígida e abstrata contraposição entre incumprimento absoluto e relativo e entre prestações principais e acessórias, sublinhando como nem sempre o incumprimento total pode ser de não escassa importância e, em contrapartida, a gravidade não ser excluída em caso de simples inexatidão ou atraso; o mesmo se diga em relação à consideração do incumprimento da prestação principal como necessariamente grave e vice-versa quanto a uma prestação acessória.

[225] CLAUDIO TURCO, *L'imputabilità* cit., 125: mesmo um incumprimento inicialmente e objetivamente de não relevante dimensão pode tornar-se grave em termos sucessivos tendo em conta o interesse creditório, em função da sua duração ou persistência e da natureza não "episódica" da violação contratual.

na (ir)relevância da qualificação da obrigação como principal, secundária ou acessória e dos elementos subjetivos inerentes ao incumprimento. Vejamos brevemente.

4.6.3.1. Obrigações principais, secundárias e acessórias: a prestação incumprida no contexto global do programa contratual

A relação obrigacional é hoje uniformemente aceite como relação jurídica complexa, decorrente dos preceitos de direito objetivo e das estipulações contratuais das partes, no seio da qual é possível distinguir[226]:

- *Deveres de prestar principais*, que correspondem, nas palavras de Carlos Mota Pinto[227], à "alavanca dirigida à consecução do fim do contrato", concretizando o "programa da prestação" da relação obrigacional[228].
- *Deveres de prestar secundários*, correspondentes a prestações autónomas ainda que especificamente acordadas com o fim de complementar a prestação principal, sem a qual não fazem sentido[229].
- *Deveres laterais ou acessórios*, que, "carecidos de autonomia em relação a este", se ligam "através do dever principal de prestação, ao fim do contrato"[230]. Decorrem da boa fé ou da lei como meios necessários para a efetiva realização do fim contratual. Por vezes distingue-se *os deveres acessórios de prestação*, que cumprem uma função instrumental de preparação e execução dos atos de cumprimento dos deveres principais, e os *deveres acessórios de conduta*, que criam as condições necessárias para a realização do fim secundário ou mediato da obrigação[231]-[232].

[226] Por vezes também se distingue, no seio de uma conceção ampla do conteúdo da relação obrigacional, uma relação de prestação e uma relação de proteção, sendo que na primeira se integram os deveres de prestação (principais ou secundários) e os deveres acessórios de conduta. Cf., por todos, Pinto de Oliveira, *Inexigibilidade judicial do cumprimento de deveres acessórios de conduta?*, Scientia Jurídica, Tomo LI, maio-agosto 2002, 295-303 (295).

[227] *Cessão da posição contratual* cit., 335.

[228] Pinto de Oliveira, *Inexigibilidade* cit., 296.

[229] Menezes leitão, *Direito das obrigações*, cit., 127.

[230] Mota Pinto, *Cessão* cit., 375.

[231] Pinto de Oliveira, *Inexigibilidade* cit., 296.

[232] No Ac. da RPt de 6-out.-2014 (Manuel Domingues Fernandes), Proc. 1392/05.0TBMCN. P1, pode ler-se "só o conjunto de todas as obrigações, principais, secundárias e acessórias

Todos estes elementos são dominados pelo elemento finalístico da relação obrigacional, que surge como "sistema dinâmico", "sistema final" ou "sistema funcional"[233].

Tal como não é certo que a violação da obrigação principal dê *sempre* lugar à resolução, também não é verdade que esta não possa ter lugar quando a obrigação seja secundária ou acessória.

Assim, tanto o incumprimento de prestações secundárias como acessórias pode permitir a resolução: em todos os casos, é o próprio fim contratual que é suscetível de ser afetado de modo a eventualmente atingir o grau de gravidade suficiente para justificar a cessação unilateral do vínculo independentemente da posição da obrigação incumprida na relação contratual. Assim, a razão da noção unitária de "violação de obrigação"[234] e, portanto, a relevância potencial para efeitos resolutórios do incumprimento de qualquer destes deveres[235] é fácil discernir se se tiver em conta, como aponta Carlos Mota Pinto, que "os elementos constitutivos da relação contratual [...] não se alinham numa posição de mera contiguidade, de tal modo que a relação contratual viesse a ser uma mera soma ou conjunto de vínculos unificados, apenas, pela identidade de procedência: o facto contratual. Não se trata de uma simples adição de elementos independentes, com a mera conexão resultante desse insignificativo dado causal. A estrutura interna da relação contratual é determinada, antes, por uma consideração de carácter funcional. A identidade do fim, comum a créditos, débitos, deveres acessórios,

permitirá cumprir o plano contratual e alcançar a composição de interesses que a partes tiveram presentes na negociação e em vista com a celebração do contrato. Ora, estas obrigações não principais não necessitam de estar expressas no contrato, mas devem resultar claramente da necessidade de salvaguardar e fazer cumprir os interesses e as finalidades subjacentes ao contrato. Nos casos de contratos cujo cumprimento é relegado para futuro e cujas obrigações dependem de uma série de procedimentos instrumentais, paralelos ao contrato mas indispensáveis para a criação de condições para o seu cumprimento, esses deveres secundários ou acessórios assumem especial relevância".

[233] Carlos Mota Pinto, *Cessão* cit., 384.

[234] Daniela Memmo, *Il nuovo modello tedesco della responsabilità per inadempimento delle obbligazioni*, Contratto e Impresa, Padova, a.20 n.2 (Maggio-Agosto 2004), 797-822 (820).

[235] Sobre a noção unitária de incumprimento que vigora no BGB, nos termos da qual é incumprimento não só a falta da prestação principal mas também o incumprimento de deveres acessórios, aos quais a lei atribui autonomia conceptual e sobretudo jurídica, cf. Daniela Memmo, *Il nuovo modello* cit., 800.

deveres laterais, direitos potestativos, sujeições, ónus, etc., estabelece entre todos estes elementos uma íntima correlação"[236].

Acrescente-se, apenas, que, sem prejuízo da potencial importância – e suscetibilidade de qualificação como "incumprimento resolutório" – do inadimplemento de prestações de qualquer natureza contanto que atinja o patamar de relevância atrás apontado, não é indiferente a decomposição da relação contratual e a determinação da localização e função das prestações incumpridas no contexto da relação contratual complexa instituída pelo contrato. Nomeadamente, essa consideração – embora não seja em si mesma decisiva – não é despicienda quando se procura avaliar o impacto do incumprimento no programa contratual.

4.6.3.2. Obrigações de meios e obrigações de resultado

Tanto as obrigações de meios como as de resultado podem dar azo, quando violadas, à resolução por justa causa, desde que a gravidade do incumprimento assuma o nível de relevância exigido. Como se sabe, as obrigações de resultado são obrigações de causação: o devedor obriga-se a causar certo resultado (o resultado definidor da prestação), de tal maneira que um ato só é qualificado como cumprimento se o resultado vier a ocorrer. As obrigações de meios, também chamadas obrigações de tentativa ou obrigações de adequação, definem-se igualmente por um resultado, como bem tem sido sublinhado. No entanto, o devedor não se obriga a causá-lo, mas a tentar causá-lo: a praticar os atos que *ex ante* sejam adequados a causá-lo. Há cumprimento quando o resultado é adequadamente tentado. Nesta delimitação de conceitos, a ideia-chave é a de resultado definidor da prestação. Por vezes afirma-se que nas obrigações de meios também se deve um resultado: o esforço do devedor. Seja como for, esta linha de argumentação esqueceria a diferença entre resultado definidor da prestação e resultados subalternos. Nas obrigações de meios a falta do resultado definidor não é ainda um caso de não cumprimento, ficando, por isso, vedada a atribuição ao devedor do risco da falta de prova. Ao credor caberia, pois, o ónus da prova[237]. Embora

[236] Carlos Mota Pinto, *Cessão* cit., 374.

[237] Maria de Lurdes Pereira/Pedro Múrias, *Obrigações de meios, obrigações de resultado e custos da prestação*, em *Centenário do nascimento do Professor Doutor Paulo Cunha: estudos em homena-*

a aferição do cumprimento/incumprimento seja diversa, ambos os tipos de obrigações podem, em abstrato, originar o direito de resolução.

4.6.3.3. A irrelevância da imputação subjetiva e do dano: neutralidade do incumprimento

Encontra-se hoje assente que o incumprimento potencialmente relevante não tem de ser de caráter culposo nem tem de ser subjetivamente imputável ao contraente.

É certo que a necessidade dessa imputabilidade subjetiva já foi sustentada, o que significaria que o devedor deveria responder por dolo ou culpa, sendo que os casos de falta de culpa seriam resolvidos por via da resolução por impossibilidade superveniente[238]. Mesmo na jurisprudência nacional encontra-se eco deste posicionamento[239]. Todavia, prevalece – e com razão à luz da *ratio* e natureza não sancionatória do instituto – a noção de que não se exige que o incumprimento seja subjetivamente imputável ao devedor; a resolução que aqui se considera não é vista como uma pena para o contraente incumpridor, mas sim como um meio de proteção e defesa da parte da relação obrigacional que sofre o incumprimento[240]. O que pode é dizer-se que faltando a culpa se há de exigir maior gravidade do motivo subjacente à resolução[241]. Por outro lado, a resolução prescinde dos efeitos danosos do incumprimento[242], sendo que a gravidade deste não tem também que ver necessariamente com a medida do dano[243].

gem, Coimbra, 2012, 999-1018; sobre o tema, cf. também Ricardo Lucas Ribeiro, *Obrigações de meios e obrigações de resultado*, Coimbra, 2010.

[238] Giorgio Bianchi, *Rescissione e risoluzione dei contratti* cit., 172.

[239] Cf. o acórdão do STJ de 29-abr.-2003 (Lopes Pinto), proc. 1035/03, onde se escreve: "ao contrário do que ocorre no regime geral do CC, onde o exercício do direito de resolução depende do incumprimento culposo, quer pelo acordado no contrato de franchising, quer pela natureza em si deste contrato, quer pela aplicabilidade analógica das normas do contrato de agência, a sua resolução pode assentar em factos não culposos".

[240] Cf. San Miguel Pradera, *La resolución* cit., 1700.

[241] Assim, Baptista Machado, *Pressupostos* cit., 7 e 9.

[242] Scialoja/Branca, *Commentario* cit., 15.

[243] Claudio Turco, *L'imputabilità* cit., 131.

4.6.4. A exigência de um incumprimento "qualificado", "importante", "significativo" ou "de não escassa importância"

Para a resolução operar, exige-se um incumprimento "grave" "relevante" "importante" "determinante", ou seja, uma *justa causa*:[244] estes são conceitos elásticos que deixam ampla margem de apreciação com vista a avaliar em concreto o incumprimento[245]. A *importância* do incumprimento constitui, na verdade, um elemento normativo cuja valoração é remetida, em última análise, ao juiz[246], significando, na essência, um incumprimento de transcendência para a economia do contrato[247], que torne *inexigível* à parte adimplente prolongar a relação contratual[248].

A cláusula geral impõe ao intérprete que opere uma "mediação" entre os interesses em conflito, mantendo-se no seio da lógica e da racionalidade do sistema e modelando a solução em função da *fattispecie* concreta[249].

[244] Sobre o tema, cf. Pedro Ferreira Malaquias/Manuel Barbosa Moura, *Da materialidade do incumprimento*, Actualidad Juridica nº 39 (2015), disponível em http://www.uria.com.

[245] Lorenzo Bertino, *Le clausole* cit., 4, 5.

[246] Cf. Paolo Cedon, *Commentario* cit., 828 e 829, aludindo às diversas teorias: patologia da causa, instrumento sancionatório, poder dispositivo negativo concedido perante o incumprimento, disfunção do sinalagma.

[247] San Miguel Pradera, *La resolución* cit., 1697 e 1698.

[248] Citando Baptista Machado, *Pressupostos* cit., 21, "o conceito de 'justa causa' ou 'fundamento importante' é um conceito indeterminado que exige uma apreciação do caso concreto". "Será uma 'justa causa' ou um 'fundamento importante' qualquer circunstância, facto ou situação em face do qual, e segundo a boa fé, não seja *exigível* a uma das partes a continuação da relação contratual; todo o facto capaz de fazer perigar o fim do contrato ou de dificultar a obtenção desse fim, qualquer conduta que possa fazer desaparecer pressupostos, pessoais ou reais, essenciais ao desenvolvimento da relação, designadamente qualquer conduta contrária ao dever de correção e lealdade (...)".Cf. na linha de Baptista Machado, além dos acórdãos já citados, *v.g.*, o acórdão do STJ de 16-jan.-2014 (Álvaro Rodrigues), Proc. 9242/06.4TBOER.L1.S1 ou os acórdãos da RPt de 21-fev.-2008 (José Ferraz), Proc. 0734164, e de 28-abr.-2014 (Manuel Domingues Fernandes), cit.. Como bem se expõe no Ac. da RPt de 20-abr.-2006 (Amaral Ferreira), Proc. 2134/11.7TBPVZ.P1: "como resulta do contrato, o direito de resolução encontra-se ligado, não a um simples incumprimento de uma obrigação, mas a uma situação de ruptura da relação contratual (incumprimento grave ou reiterado). O princípio geral da boa fé (art. 762º, nº 2, do CCivil) e o critério geral do abuso do direito (art. 334º do CCivil), bem como a doutrina extraída dos arts. 802º, nº 2, e 808º, nº 1, do CCivil, opõem-se à admissão da resolução se o incumprimento for insignificante ou de escassa importância, devendo ser antes apreciada objectivamente, ponderando os interesses em causa e a consideração do interesse negocial dos contraentes".

[249] Claudio Turco, *L'imputabilità* cit., 124, nota 71.

Para avaliar a importância do incumprimento, identificam-se na doutrina dois critérios:

(i) o *critério subjetivo,* que atende à presumível vontade das partes, segundo o qual releva verificar se o negócio não teria sido concluído se as partes tivessem previsto o incumprimento; ou, numa formulação mais objetivada, o incumprimento é grave quando não é suficientemente realizado o escopo prosseguido pelo contrato[250];

(ii) o *critério objetivo,* que deve prevalecer, que considera a repercussão no equilíbrio das prestações (e não a valoração subjetiva que o contraente pode fazer do seu interesse).

Este último critério não significa uma valoração puramente abstrata ou que dispense a consideração do quadro contratual concreto[251] ou do interesse do contraente adimplente: simplesmente este interesse só releva na medida em que tenha sido contemplado no contrato de acordo com as regras de interpretação do mesmo, que adiante veremos[252].

Não pode, na verdade, esquecer-se que a indagação sobre o aspeto objetivo do incumprimento se move no quadro do interesse que a outra parte pretende realizar e sobre a modalidade e circunstâncias do concreto desenvolvimento da relação[253]. A gravidade do incumprimento deve ser reconstruída tendo em conta a valoração do elemento objetivo da falta de prestação no contexto negocial em combinação com elementos subjetivos[254].

[250] COLLURA, *Importanza* cit., 13.

[251] BAPTISTA MACHADO, *Pressupostos* cit., 14.

[252] Como escreve BAPTISTA MACHADO, *Pressupostos* cit., "a objetividade do critério não significa que se não atenda ao interesse *subjectivo* do credor e designadamente a fins visados pelo credor que, não tendo sido integrados no conteúdo do contrato, representam simples motivos em princípio irrelevantes. (...) a importância do interesse afectado pelo incumprimento, aferida embora em função do sujeito, há-de ser apreciada objectivamente, com base em elementos susceptíveis de serem valorados por qualquer outra pessoa (...) e não segundo o juízo valorativa arbitrário do próprio credor".

[253] PINTO DE OLIVEIRA, *Estudos sobre o não cumprimento das obrigações,* Coimbra, 2009, 68. Independentemente da fixação de um prazo ou termo suplementar para que o devedor realize a prestação, o credor dispõe do direito potestativo de resolução do contrato sempre que haja circunstâncias especiais capazes de determinar a dissolução imediata da relação contratual, atendendo ao balanceamento ou à ponderação dos interesses contrapostos de cada um dos sujeitos da relação obrigacional.

[254] LUCANTIONI, *L'inadempimento* cit., 787.

É necessário considerar o conteúdo global e efetivo da operação económico-jurídica realizada através do contrato[255]: o juízo da gravidade do incumprimento é um "juízo objetivamente e concretamente relativo", o que significa que se atende ao interesse do credor mas valorado com base nas circunstâncias e modalidades concretas do conteúdo do acordo e do desenvolvimento da relação. Ou seja, importa atender ao grau de incidência que o incumprimento efetivamente tem no equilíbrio das específicas operações económico-jurídicas realizadas através do contrato e compreensivamente considerada, no qual resulta objetivado o interesse[256].

Opera-se, pois, uma objetivação do juízo sobre a importância do incumprimento, através de uma "tipificação" do critério: está em causa um critério da prevalência da função de cada operação económica, que assume diversas colorações em contextos objetivamente definíveis, mas fortemente individualizados por relação com os operadores e sujeitos contratantes. Haverá que ter em atenção as circunstâncias direta ou indiretamente inerentes ao programa negocial e tomadas em conta pelas partes na determinação do plano de risco e de vantagens recíprocas[257]. De qualquer maneira, o método é essencialmente casuístico, reconduzível à equidade e à boa fé em concreto e, por isso, a uma medida da concreta tolerabilidade da deformidade ou incumprimento, atribuindo relevo às circunstâncias do caso concreto[258].

Como afirma Turco[259], a substancial "relatividade" do juízo sobre a não escassa importância do incumprimento reveste uma significativa valência subjetiva, devido à sua referência fundamental ao interesse creditório da parte não incumpridora. Este interesse desempenha um papel central na relação contratual e representa o correlato necessário da valoração objetiva da gravidade do incumprimento já que se prende com o nexo funcional existente entre interesse creditório e prestação devida. Está em causa o mecanismo de correspetividade *objetivamente* estabelecido no contrato mas também a referência *subjetiva* às legítimas expec-

[255] Claudio Turco, *L'imputabilità* cit., 113.

[256] Assim, Claudio Turco, *L'imputabilità* cit., 121.

[257] Collura, *Importanza* cit., 23.

[258] Collura, *Importanza* cit., 10.

[259] *L'imputabilità* cit., 124.

tativas (ou interesse) da parte não incumpridora na regular atuação do regulamento contratual. Por isso se fala numa recíproca complementaridade entre critério objetivo e subjetivo de valoração da não escassa importância do incumprimento. Exige-se um critério "équo" e "relativo" que coordene o elemento objetivo da falta de cumprimento da prestação com o elemento subjetivo consistente no interesse concreto da contraparte na exata execução da prestação.

A determinação contratual da gravidade de um particular comportamento do devedor deve ter lugar no quadro das concessões recíprocas e distribuição do risco contratual[260]. A doutrina tem procurado avançar critérios que permitam apurar *ex ante* com determinado grau de segurança que incumprimento pode ser considerado grave[261]. Como diretrizes gerais a ponderar perante o caso concreto, é possível apontar:

- a extensão da inexecução, ou seja, a amplidão (total ou parcial[262]) da prestação ou dever violado[263];
- a importância da obrigação violada, em função do significado ou posição no quadro contratual em abstrato (obrigação principal, prestação acessória ou dever lateral de conduta)[264]-[265];
- a existência de dano[266];

[260] COLLURA, *Importanza* cit., 38.

[261] BERTINO, *Le clausole* cit., 6.

[262] Cf. artigo 802º/2: "o credor não pode, todavia, resolver o negócio se o não cumprimento parcial, atendendo ao seu interesse, tiver escassa importância". CATARINA MONTEIRO PIRES, *Breves notas sobre a resolução do contrato por incumprimento no direito português, brasileiro e alemão*, RDC II (2017), 1, 75-96 (79).

[263] BRANDÃO PROENÇA, *A resolução* cit., 141, nota 369, citando sentença da Corte di Cassazione 5-abr.-71: quando o incumprimento seja total e respeite a uma obrigação primária e essencial não seria necessária qualquer valorarão específica da gravidade do incumprimento.

[264] BAPTISTA MACHADO, *Pressupostos* cit., 12.

[265] Mas já afastámos a ideia de que quando há incumprimento da prestação principal a valoração específica da gravidade do incumprimento não é necessária, porque ela resulta *in re ipsa* (COLLURA, *Importanza* cit., 15).

[266] Cf. COLLURA, *Importanza* cit., 15; há que atender à importância que a violação da obrigação tem no todo do contrato, verificando se a violação gera danos para a outra parte e uma sensível alteração do equilíbrio contratual, com referência à relação de proporcionalidade e causalidade do incumprimento, sem relevo para situações meramente psicológicas da parte (ou seja, embora não seja condição de gravidade, pode influenciar o juízo sobre a gravidade).

- a existência de culpa[267];
- a importância da prestação para a contraparte;
- o interesse atual da prestação para o credor, i.e., a manutenção da utilidade da prestação (*v.g.* a prestação parcial ou tardia apresenta interesse para a contraparte?);
- a repetição do mesmo tipo de inadimplemento ou da mesma falta contratual, no caso das relações contratuais duradouras[268].

O incumprimento grave – avaliado com auxílio destes diversos fatores – prejudica definitivamente ou torna incerta e precária "em perspetiva" a realização do interesse creditório, a ponto de alterar o equilíbrio das prestações e das operações negociais sob um duplo ponto de vista: (i) a falta de aquisição da utilidade inerente à prestação; (ii) o comprometimento da exigência de certeza e estabilidade do vínculo contratual[269]. Perante esta alteração, impõe-se a redistribuição do custo do incumprimento e o restabelecimento global do equilíbrio contratual perturbado pelo incumprimento[270].

Em última análise, *a gravidade do incumprimento significa a inexigibilidade de manutenção do contrato perante um incumprimento aniquilador do equilíbrio contratual.* Tal constitui aplicação do princípio da boa fé e do princípio da proporcionalidade (e de um já referido princípio da inexigibilidade)[271], pressupondo o apuramento do equilíbrio pretendido pelas partes e espelhado no contrato.

4.6.5. Sentido geral: a inexigibilidade de manutenção do contrato perante um incumprimento *aniquilador do equilíbrio contratual*

A possibilidade de resolução do contrato resulta sempre de uma efetiva alteração induzida pelo incumprimento no "equilíbrio compreensivo

[267] Não é igualmente condição da importância do incumprimento mas pode influenciar esse caráter.

[268] Baptista Machado, *Pressupostos* cit. 10. É manifesta a irreversibilidade do desequilíbrio negocial decorrente da reincidência da conduta do sujeito contratante, que materializa o risco de uma definitiva desfuncionalização do vínculo contratual, em virtude da referida persistência da conduta lesiva grave e do seu caráter crónico.

[269] Claudio Turco, *L'imputabilità* cit., 126.

[270] Claudio Turco, *L'imputabilità* cit., 118.

[271] Brandão Proença, *A cláusula resolutiva* cit., 35. Como escreve o mesmo Autor, *Lições* cit., 362, a resolução tutela a relação de proporcionalidade entre prestações, sendo decorrência da inexigibilidade de manutenção da vinculação.

da operação económico-jurídica subjacente ao contrato, com atenção à posição contratual e à situação jurídica do titular da pretensão insatisfeita"[272]. Saber se o direito de resolução se constitui implica apurar qual o *equilíbrio que resulta do contrato* para depois se avaliar a repercussão que neste tem o incumprimento. O equilíbrio contratual deve ser entendido, naturalmente, não como equivalência objetiva e absoluta das prestações mas como a composição patrimonial configurada pela autonomia negocial das partes[273].

Ora, na linha do que escrevemos acima, se está em causa apurar o equilíbrio *do contrato* – de tal maneira que o comportamento em questão não representa apenas uma lesão dos interesses do credor, antes uma violação da própria *lex contractus*[274] – haverá que recorrer às regras gerais da interpretação do negócio jurídico[275] para descobrir a específica composição de interesses posta em prática pelas partes, parâmetro avaliador da suscetibilidade de resolução. São, pois, as regras de interpretação do negócio que permitem determinar quais as legítimas expectativas das partes. Mais uma vez se sublinha que a relevância objetiva do incumprimento está em íntima relação com o interesse creditório valorado não com um significado subjetivo e unilateral mas com a configuração objetivada num ato bilateral de autonomia[276]. Por isso, a valoração não pode prescindir de uma atenta reconstrução do "espetro dos interesses do credor, cuja falta de satisfação tenha relevância jurídica para o fim específico da resolubilidade do contrato"[277]. Daí falar-se numa reconstrução objetiva e bilateral do interesse. O ponto de partida é o apuramento do sentido juridicamente vinculativo do contrato.

Reagindo a resolução à destruição do equilíbrio contratual, compreende-se por que dissemos de início que a aplicação da resolução é ainda a realização do programa e do regulamento negocial[278]. Está em

[272] Claudio Turco, *L'imputabilità* cit., 125.

[273] Claudio Turco, *L'imputabilità* cit., 119.

[274] Scialoja/Branca, *Commentario* cit., 27.

[275] Cf. Paolo Cedon, *Commentario* cit., 838 sublinhando que para a avaliação da violação do equilíbrio contratual não deve ser usado o cânone da boa fé mas antes seguidas as regras gerais da interpretação jurídica.

[276] Claudio Turco, *L'imputabilità* cit., 127.

[277] Claudio Turco, *L'imputabilità* cit., 119.

[278] Collura, *Importanza* cit., 25.

causa um incumprimento que impede substancialmente a parte de conseguir através do contrato o que podia legitimamente esperar[279]. Resta, pois, recorrer, como exposto, às regras da interpretação do negócio para determinar quais as legítimas expectativas das partes e, bem assim, a relevância da respetiva frustração ao nível global do contrato.

Ora, na falta de regras especiais, a interpretação do contrato deve atender às normas gerais dos artigos 236º e ss. do Código Civil, aplicáveis à generalidade dos negócios jurídicos, independentemente da sua natureza.

O artigo 236º aponta para a interpretação segundo a "impressão do declaratário", estabelecendo que a declaração vale com o sentido que um declaratário normal, colocado na posição do real declaratário, possa deduzir do comportamento do declarante, sem prejuízo da exigência de imputação da declaração a quem a tenha feito e da regra da *falsa demonstratio non nocet.* A interpretação do negócio é, hoje, essencialmente objetiva, relevando, nela, um comportamento significativo. O objetivo da interpretação do negócio é, pois, "conhecer a norma contratual que resolve o caso"[280]. Só determinando esta "norma contratual" é possível saber qual o *equilíbrio contratual* potencialmente violado.

Apesar de partir das declarações individuais das partes, a interpretação deve ter em conta o conjunto do negócio, considerando diversos elementos:

- em termos verticais, há que ponderar, entre outros, o teor das declarações negociais e as circunstâncias em que foram emitidas;
- em termos horizontais, tem relevância o conjunto a que pertence a cláusula a interpretar, o tipo contratual em jogo, a inserção do próprio negócio no todo mais vasto em que se integra.

O objetivo é sempre, nos termos do artigo 236º do Código Civil, descobrir o sentido que um declaratário normal, colocado na posição do real declaratário, pode deduzir do comportamento do declarante, desde que razoável. Mas, mais do que isso, é importante descobrir o conjunto e o sentido do negócio, que está para além do sentido das declarações negociais consideradas por si.

[279] Canaris, *L'inadempimento nel "Codice europeo dei contratti"*, Rivista di diritto civile, a.54 n.6 (Novembre-Dicembre 2008), Parte prima, 629-641 (640).

[280] Carneiro da Frada, *Sobre a interpretação do contrato,* em *Estudos em homenagem a Miguel Galvão Telles,* vol. II, Coimbra, 2012, 975-984 (976).

Por outro lado, na interpretação negocial, não pode igualmente deixar de se atender ao princípio da boa fé e, portanto, aos valores fundamentais do ordenamento jurídico. Visa-se encontrar soluções jurídicas que apresentem uma "justeza constituinte e uma legitimidade controlável"[281], obstando a resultados que ponham em questão princípios básicos do ordenamento jurídico: no limite, o próprio negócio seria afetado na sua subsistência. Procura-se, pois, a "justiça contratual"[282]. Também por isso "haverá, ainda, uma especial justificação para ponderar (autonomamente) as consequências da decisão como critério de interpretação, ao menos tratando-se de contratos 'abertos', que se destinem a vigorar por um período longo de tempo"[283]-[284].

Da mesma forma, importa ter em consideração o fim do contrato, fazendo prevalecer o sentido mais consentâneo com este. Deve, pois, aceitar-se que a interpretação é, também na área do contrato, dominada pelo fator teleológico[285]. Assim, como cânones de interpretação do contrato, além do elemento gramatical, histórico (negociações, contratos preliminares, etc.), sistemático (o teor global do contrato), temos igualmente o elemento teleológico (ou racional)[286], que obriga designadamente a atender às funções do contrato, para descobrir a regulação que as partes quiseram instituir e objetivamente instituíram[287].

Lembre-se também a relevância do contexto: "na interpretação deve ser procurado, não apenas o sentido das declarações negociais artificialmente isoladas do seu contexto negocial global, mas antes o discernir do sentido juridicamente relevante do negócio jurídico como um todo, como acção da autonomia privada, e como globalidade da matéria nego-

[281] MENEZES CORDEIRO, *Tratado* I/1 cit., 770 ss.

[282] Cf. MADALENA PERESTRELO DE OLIVEIRA, *A "inexigibilidade" na relação contratual: interpretação do contrato e heteronomia,* O Direito 145º (2013), III, 523-551.

[283] CARNEIRO DA FRADA, *Sobre a interpretação* cit., 976.

[284] Como escreve GIANLUCA SICCHIERO, *Buona fede e rischio contrattuale,* Contratto e impresa, ano XXII (2006), 919-943 935, "a boa fé não serve só para paralisar os efeitos de comportamentos inaceitáveis, mas vale também para impor, em termos positivos, cautelas integrativas das obrigações assumidas".

[285] Assim MENEZES CORDEIRO, *Tratado de direito civil português,* II, 4ª ed., Coimbra, 2014.

[286] CARNEIRO DA FRADA, *Sobre a interpretação* cit., 980.

[287] Lembre-se que o comportamento das partes posterior ao contrato pode igualmente lançar luz sobre o sentido do contrato, tendo em conta o princípio da boa fé (artigos 762º/2 e 334º). Cf., *v.g.*, RUI PINTO DUARTE, *A interpretação dos contratos,* Coimbra, 2016, 59 e 60.

ciada ou contratada, a determinação do conteúdo negocial"[288]. No direito inglês fala-se por vezes numa *contextual interpretation*, que determina que se atenda ao contexto ou *background*, desde que razoavelmente acessível às partes[289].

4.6.6. O papel do princípio da boa fé

A boa fé releva no apuramento do equilíbrio contratual e na avaliação do impacto que nele tem o incumprimento de uma dupla perspetiva: por um lado, através do seu papel na interpretação do negócio; por outro lado, pela sua função autónoma na determinação da conduta devida na concreta execução do contrato.

Quanto ao primeiro aspeto, o princípio da boa fé, enquanto diretriz interpretativa, articula-se com a "exigibilidade" ou "razoabilidade" como cláusula implícita do contrato[290] nos termos que vimos.

Constitui objetivo das diretrizes interpretativas, conforme já apontámos, conseguir a aproximação ao *conteúdo relevante* do negócio e apurar qual o cumprimento *exigível* às partes. Daí a referência a uma "interpretação em função dos interesses" (*interessengerechte Auslegung*), que precisamente envolverá um apelo à boa fé, encarada como elemento normativo. A determinação da vontade real das partes depende de se considerar o sentido "razoável" ou conforme à boa fé: prefere-se o "significado razoável do contrato (...): ora, a razoabilidade não é determinada apenas entre as partes contratantes mas recorre a um juízo normativo sobre a *fairness* do acordo".

A boa fé, por seu lado, incorpora a ideia de razoabilidade, não havendo qualquer sobreposição da "justiça contratual" do tribunal à das partes, já que está em causa, sempre, um exercício de interpretação do contrato. Como também escreveu Carneiro da Frada[291], "na interpretação do contrato importa procurar as soluções mais adequadas para o conflito de interesses que se instalou perante aquilo que foi pactuado. A justiça, o equilíbrio e a razoabilidade constituem, por conseguinte,

[288] Pais de Vasconcelos, *Teoria* cit., 481.

[289] O *background* foi celebremente chamado por Lord Wilberforce o "*matrix of fact*". Cf. Jill Poole, *Contract law*, 9ª ed., Oxford, 2008, 261.

[290] Cf. Madalena Perestrelo de Oliveira, *A "inexigibilidade" na relação contratual*, cit., 523-551.

[291] *Sobre a interpretação* cit., 980.

um horizonte imprescindível em matéria de interpretação. A essa luz devem ser lidas as disposições dos artigos 236º e seguintes. E não apenas, como frequentemente (apenas) se assume, para resolver dúvidas interpretativas, nos termos do art. 237".

Por isso se impõe sempre a referida interpretação complementadora do contrato (*ergänzende Auslegung*), a qual não visa tanto a vontade juridicamente relevante das partes como a *regulação objetiva do contrato*, o que fica claro através da referência à boa fé[292]. Perante a insuscetibilidade de derivar o sentido contratual apenas da vontade das partes, torna-se necessária uma interpretação integradora, que está um passo à frente da interpretação e é seu desenvolvimento: passa-se da interpretação das estipulações das partes para a descoberta e concretização do conteúdo do contrato como regulação. O contrato é interpretado como "regulação vigente"[293]. Neste contexto, a solução *ex bona fide* tem de ser sempre indagada, mesmo que a vontade das partes seja evidente, tendo em conta a confiança e a primazia da materialidade subjacente: "a conjugação entre a vontade das partes e a boa fé, com predomínio desta, conduz à solução da vontade hipotética objetiva". Assim, "efectua-se, perante a realidade e os valores em presença, a reconstrução da vontade justa das partes se, com razoabilidade, tivessem previsto o ponto omisso"[294].

Por seu lado, o equilíbrio contratual constitui elemento interpretativo do negócio jurídico mas o mesmo carece também de ser determinado. O próprio artigo 237º do Código Civil denota uma interpretação dos contratos onerosos que faça prevalecer o sentido que conduzir ao maior equilíbrio das prestações: esta constitui uma "regra material de interpretação" pois aponta efetivamente para um "resultado substancial"[295].

[292] Menezes Cordeiro, *Tratado* I/1 cit., 772.

[293] Assim, Pais de Vasconcelos, *Contratos* cit., 385 ss.

[294] Menezes Cordeiro, *Tratado* I/1 cit., 776 e 774, respetivamente.

[295] Carneiro da Frada, *Sobre a interpretação* cit., 976. Cf. também Ferreira de Almeida, *Contratos IV*, 2ª ed., Coimbra, 2018, 303: "a decisão interpretativa consiste em completar o conteúdo do contrato com o elemento em dúvida, optando pelo sentido que, no balanço definitivo daquele contrato, conduza ao maior equilíbrio das atribuições. Nesta avaliação global, devem ser considerados todos os componentes, com ou sem natureza patrimonial". Continua o Autor (p. 304), sublinhando que "o equilíbrio das prestações não pode ser descartado como fator primário de interpretação dos contratos onerosos, enquanto dado influente na compreensão normal e razoável e na perceção de objetivos contratuais (...)".

Nessa descoberta o princípio da boa fé oferece importante apoio. Reclama, por um lado, que se atenda à substância das prestações contratualmente devidas, e que, por outro lado, se obtenha a regra contratual que assegure a proporcionalidade entre as prestações exigidas e as respetivas contraprestações, tendo em conta a "interpretação em função dos interesses" (*interessengerechte Auslegung*).

Este princípio constitui o meio lógico para legitimar a penetração do princípio do equilíbrio contratual no regime dos contratos. A consideração do equilíbrio económico do contrato determina a introdução de parâmetros objetivos na valoração da vontade expressa pelas partes ou a limitação dos seus efeitos. Atentar no equilíbrio económico das posições contratuais pareceria significar, por isso, limitar a autonomia da vontade, introduzindo uma exceção à regra áurea do *pacta sunt servanda*[296]. Porém, a boa fé interpretativa não consente reescrever o contrato: com a interpretação segundo a boa fé é possível individualizar e escolher um dos significados possíveis das cláusulas contratuais mediante as quais se realiza de uma forma mais adequada o equilíbrio de interesses contratual. É necessário um *standard* de certeza adequado para tutelar as expetativas do contraente e a sua eficácia[297]. Como expressivamente refere GUADAGNO, "o núcleo funcional do contrato, a sua causa, o interesse prosseguido pelos contraentes são idóneos para iluminar, no plano hermenêutico, o sentido da regra contratual, semelhante ao centro de uma esfera de que irradiam raios que não saem dessa mesma esfera"[298]. Por outro lado, a boa fé perde os contornos de insegurança para entrar "no sólido terreno dos critérios da razoabilidade decorrentes da realidade do tráfico"[299].

Trata-se, no fundo, de evidenciar (mais do que corrigir) a composição de interesses, assegurando a justiça contratual. Importa, pois, assinalar o "programa económico" posto em prática pelas partes e os interesses com ele correlacionados. Da exposição anterior resulta já suficientemente clara a composição patrimonial configurada pela auto-

[296] DIEGO CORAPI, *L'equilibrio delle posizione contrattuali nei principi UNIDROIT, Europa e diritto privato*, Milano, n.1 (2002), 23-40 (23).

[297] Cf. STEFANO GAUDAGNO, *Squilibrio* cit., 765 e 766.

[298] STEFANO GAUDAGNO, *Squilibrio* cit., 767.

[299] STEFANO GAUDAGNO, *Squilibrio* cit., 767.

nomia negocial das partes como meio para a obtenção do escopo contratual comum.

No que respeita ao relevo autónomo do princípio da boa fé na valoração da gravidade do incumprimento, este é decisivo para o "reequilíbrio da posição de poder económico-contratual", desempenhando uma função "perequativa" ou "reequilibradora"[300]. Tem-se sublinhado a exigência de um constante recurso à boa fé para avaliar a existência de um incumprimento grave como alteração do equilíbrio do contrato e interesse do contraente fiel. A boa fé constitui regra e critério de valoração do comportamento[301].

Em concreto, permite especificar as prestações devidas tendo em vista o interesse do credor e a obtenção, segundo um critério de normalidade, do "resultado útil" como escopo da obrigação[302]. Diz-se, com razão, que a boa fé permite colmatar a distância entre norma e facto e preencher o espaço entre o que deve ser feito "em abstrato" e o que deve ser feito "em concreto", verificando o que é feito e o que era "importante" que fosse feito[303].

A boa fé serve para determinar a extensão ou o limite das obrigações, surgindo como fonte integradora das mesmas[304]. Citando COLLURA, "é no espaço entre a determinação em abstrato *ex lege* da obrigação e a definição em concreto da conduta devida que operam estes critérios e que se determina a importância do incumprimento como exame concreto da violação dos limites da obrigação definida *in executivis.* O lugar normativo da boa fé e da diligência é constituído pelo espaço entre a determinação em abstrato e *ex lege* da obrigação e a definição em concreto do comportamento a que o devedor está vinculado, tendo em conta as circunstâncias específicas do caso. São a diligência e a boa fé que permitem colmatar a distância entre a reconstrução dogmática e a concreta atividade de valoração de que está encarregado o juiz"[305].

A ausência de regulação contratual releva quando é contrária ao sistema do contrato, correspondendo a um vazio que carece de preenchi-

[300] BRANDÃO PROENÇA, *A cláusula resolutiva* cit., 29.

[301] CLAUDIO TURCO, *L'imputabilità* cit., 225; GIUSEPPE FRANCESCO AIELLO, *La giurisprudenza* cit., 738.

[302] CLAUDIO TURCO, *L'imputabilità* cit., 143.

[303] COLLURA, *Importanza* cit., 19 e 22.

[304] COLLURA, *Importanza* cit., 19.

[305] COLLURA, *Importanza* cit., 21.

mento. Assim, escreve SANTOS JÚNIOR[306] que "o negócio jurídico, como a lei, é susceptível de apresentar *lacunas:* pode haver pontos ou questões que, relevando do negócio celebrado e da sua execução, estejam *omissos* no regulamento negocial tal como ele resulta fixado por interpretação. Tal pode dever-se à imprevisão das partes, ou, até, ao seu próprio esquecimento de, no momento da celebração do negócio jurídico, ditarem a [...] regulação desse ponto". Como também refere CARVALHO FERNANDES[307], "verifica-se, por vezes, que as matérias não reguladas pelas partes exigem regulamentação por constituírem aspectos relevantes para a execução do negócio e a prossecução dos interesses neles envolvidos; em suma, por isso mesmo, interessam à adequada e completa ordenação do correspondente conflito de interesses".

A boa fé surge como forma de "correção" interna do contrato. A sua função supletiva é posta em causa e o princípio transforma-se em fonte de integração "cogente" com vista ao reequilíbrio das prestações[308]. No ordenamento jurídico italiano, a *Corte di Casssazione* entendeu, em sentença de 18 de setembro de 2009, que a boa fé representa um fator idóneo "para manter a relação jurídica no binário do equilíbrio e da proporção" e um instrumento para o juiz "funcionalizado ao controlo – tanto no sentido modificativo como integrativo – do estatuto negocial". Ou seja, funciona como garantia de uma justa composição de interesses[309].

A valoração da gravidade do incumprimento constitui também concretização do princípio da proporcionalidade, particularmente associado sobretudo ao direito público mas cuja relevância se manifesta também no direito privado, ainda que como vertente do princípio da boa fé.

O princípio da proporcionalidade articula-se com a "razoabilidade e adequação"[310] na avaliação da conduta potencialmente perturbadora do equilíbrio contratual[311].

[306] *Sobre a teoria da interpretação dos negócios jurídicos. Estudo de direito privado,* Lisboa, 1988, 203.

[307] *Teoria geral* cit., 459.

[308] STEFANO GUADAGNO, *Squilibrio* cit., 755.

[309] Cf. STEFANO GUADAGNO, *Squilibrio* cit., 755.

[310] BRANDÃO PROENÇA, *A cláusula* cit., 36.

[311] Cf. RAQUEL TAVARES DOS REIS, *Justa causa de resolução – uma exigência de ponderação,* em *Teoria da argumentação e neo-constitucionalismo,* 291-311 (301), escrevendo que "o princípio da boa fé traz consigo uma abertura e flexibilidade que são instrumento de actuação do princípio da proporcionalidade, como possibilidade ou convite à ponderação de todos os bens e interesses e de todos os elementos circunstanciais juridicamente relevantes em contextos de resolução do vínculo contratual duradouro (...)".

Não está em causa – note-se – a proporcionalidade no sentido de que, mesmo havendo um incumprimento grave, só poderia haver resolução se o interesse da parte adimplente não pudesse ser satisfeito de outro modo[312]. A lógica é a de que o critério da proporcionalidade condicionaria a apreciação do requisito objetivo (a importância do incumprimento) levando a apurar se o incumprimento de uma parte lesa gravemente a proporção entre os valores das prestações contratuais[313]. Apurada a gravidade, o contraente poderia escolher o instrumento de tutela[314].

Em suma, além de aplicarmos as regras gerais de descoberta do sentido juridicamente vinculativo do contrato, importa atender, na nossa análise, aos princípios da boa fé e da proporcionalidade, com vista a concluir se a conduta de um contraente é de índole a justificar a desvinculação do outro contraente.

4.6.7. Princípio do equilíbrio negocial: a importância do "plano de risco" do contrato

Tendo em conta a relevância da determinação do equilíbrio negocial quando se visa aferir a existência de incumprimento resolutório, é fundamental apenas aquilo que integra o "plano económico" e o "plano de risco de negócio". Só assim se pode conhecer as condutas exigíveis às partes na execução do contrato.

Um evento que corresponda ao "plano económico" ou ao "plano de risco do contrato", i.e., que se mantenha na "álea normal do negócio", certamente não se traduz em incumprimento nem dá origem à resolução. Por outro lado, ainda quando efetivamente ocorra uma conduta consubstanciadora de incumprimento, saber se este é suficientemente grave para justificar a resolução implica saber se o mesmo pôs em causa o equilíbrio de interesses delineado pelo contrato, destruindo o seu "plano" económico.

Sendo aniquilado o "plano de risco", o equilíbrio do contrato é desfeito, aceitando-se a desvinculação unilateral do contraente prejudicado.

[312] SAGGI, *La proporzionalità* cit., 995.

[313] Aludindo à exigência de adequação entre a gravidade do incumprimento e a pretensão de extinção do vínculo, cf. ROMANO MARTINEZ, *Da cessação* cit., 129.

[314] SAGGI, *La proporzionalità* cit., 1002.

Neste caso, existe justa causa de resolução: a conduta da contraparte, objetiva ou subjetivamente, destrói ou desequilibra a equação económico-financeira do negócio.

Independentemente da sua relevância inequívoca por via do princípio da boa fé, tem sido crescentemente sustentada a importância do equilíbrio negocial enquanto princípio autónomo. Visa-se sempre complementar a liberdade contratual através de uma ideia de "justiça contratual"[315]. De resto, mesmo quem rejeita um princípio do equilíbrio económico-financeiro em si não deixa de aceitar uma regra de "estabilização da equação que foi determinada quando assinado o contrato"[316]. Existe, por outras palavras, um "direito à manutenção da equação económica-financeira" do contrato[317].

Vigora, assim, com ou sem autonomia, um princípio de proporcionalidade e equilíbrio entre as prestações contratuais, não enquanto imposição de uma equivalência absoluta entre estas, mas no sentido de vetar uma desproporção injustificada das mesmas, i.e., uma disparidade excessiva. O princípio da boa fé constitui o meio lógico idóneo para legitimar a penetração deste princípio no regime dos contratos[318], pelo que o seu reconhecimento não fica dependente da aceitação da respetiva valência autónoma. Está em jogo a própria justiça contratual.

No ordenamento jurídico italiano, a Corte di Cassazione[319] recolocou, em *obiter dictum*, o tema da justiça contratual e do equilíbrio contratual, escrevendo: "o controlo ínsito no ordenamento positivo relativo à explicação da autonomia negocial, referente ao merecimento de tutela dos interesses regulados convencionalmente e à licitude da causa, deve ser em qualquer caso parametrizado pelos superiores valores constitu-

[315] Rui Pinto Duarte, *O equilíbrio contratual como princípio jurídico*, em *Estudos em memória do Conselheiro Artur Maurício*, Coimbra, 2014, 1331-1345 (1334).

[316] Cristiana Fortini/Priscila Giannetti Campos Pires, *Equilíbrio econômico-financeiro nas parcerias público-privadas*, Revista de Contratos Públicos, Lisboa, n.8 (maio-agosto 2013), 25-57 (34).

[317] Cristiana Fortini/Priscila Giannetti Campos Pires, *Equilíbrio* cit., 34.

[318] Francesco Samgermano, *Il controllo giudiziale dell'equilibrio delle prestazioni contrattuali tra apparente interpretazione correttiva e reale integrazione dell'atto di autonomia privata*, La Nuova Giurisprudenza Civile Commentata, Padova, a.31 n.12 (dicembre 2015), Parte seconda, 758-771 (763 ss.).

[319] Cass. Civ. Sez. III, 1 abril 2011, n. 7557.

cionais previstos para garantia dos específicos interesses perseguidos (....)", explicando que "é errónea uma interpretação do contrato" que conduziria a um "desequilíbrio contratual inaceitável - e contrastante com parâmetros constitucionais (...) com consequente não merecimento (*meritevolezza*) dos interesses perseguidos e ineficácia do contrato [...] - por indeterminação e unilateralidade do sacrifício imposto a uma das partes". A sentença abre as portas à sindicância judicial do equilíbrio de quaisquer operações económicas, independentemente da posição assumida pelas partes e da modalidade de formação do seu consenso[320]. Falar em composição de interesses representa uma referência às vantagens e sacrifícios programados pelas partes no acordo mais do que às motivações que conduziram a ele. Em rigor, a operação económica não é composta por interesses mas sim por vantagens (eventualmente recíprocas). Por isso importa identificar a composição dos interesses através das vantagens que o acordo objetivamente procura para as partes[321].

Tem-se entendido que existe, no ordenamento jurídico português como noutros[322], um conjunto de normas que permitem afirmar que os contratos são governados por um princípio de equilíbrio que não tem só uma função "aplicativo-integradora" mas também "valor deôntico próprio"[323]-[324]. A vigência autónoma de tal princípio vem, aliás, sendo reforçada através de um conjunto de intervenções legislativas que intro-

[320] Andrea Garofalo, *La causa del contratto tra meritevolezza degli interessi ed equilibrio dello scambio*, Rivista di Diritto Civile, Padova, a.58 n.6 (Novembre-Dicembre 2012), Parte seconda, 573-614 (574).

[321] Cf. Andrea Garofalo, *La causa* cit., 586.

[322] Sobre o tópico, no ordenamento italiano, cf., por todos, Stefano Guadagno, *Squilibrio* cit., 745, que sublinha que não faltam vozes na doutrina a afirmar o ingresso num sistema de sindicância jurisdicional do equilíbrio das prestações: há quem entenda que existe um princípio geral de sindicabilidade do equilíbrio económico entre as prestações, utilizando para o efeito o artigo 1322 comma 2 do Codice Civile, lido em combinação com o artigo 2 da Constituição sobre o princípio constitucional da solidariedade, bem como com o princípio da boa fé, que constitui sua concretização no plano das relações *inter* privados.

[323] Rui Pinto Duarte, *O equilíbrio* cit., 1336.

[324] Todavia, não deixa de haver quem saliente que as *fattispecies* apontadas para sustentar a sindicância de um possível desequilíbrio contratual não consentem uma *reductio ad unitatem*. Cf. Stefano Guadagno, *Squilibrio* cit., 763. Já se tem dito que a realização do equilíbrio contratual, fora hipóteses especificamente previstas, está cometida à boa fé e à equidade: a primeira dirigida a modelar o conteúdo negocial segundo cânones de correção e de lealdade; a outra remetendo para a determinação da justiça singular. Assim, Maria Constanza,

duzem mecanismos de sindicância clara do equilíbrio contratual (*v.g.* relacionados com a contratação em massa)[325].

Merece, a este respeito, ser apontada a influência inevitavelmente exercida pela sindicância da justiça surgida nos Princípios Unidroit (3.10) a respeito do "desequilíbrio excessivo" (*gross disparity*) entre as prestações, atribuindo à parte prejudicada o direito de "anular o contrato ou uma sua cláusula singular se, no momento da sua conclusão, o contrato ou a cláusula atribuíam injustificadamente à outra parte uma vantagem excessiva"[326]. Do mesmo modo, no âmbito do projeto de codificação do Direito europeu dos contratos prevê-se, no artigo 4.109 dos *Principles of European Contract Law* (PELC), a anulabilidade por "injusto lucro ou vantagem iníqua". Tudo fatores concorrentes para a autonomia do princípio do equilíbrio contratual.

Este princípio aplica-se no momento da contratação, mas também durante a execução do contrato, garantindo a manutenção e eventualmente a reposição das proporções negociais entretanto perdidas, em especial nos contratos de execução duradoura. Todavia, esclarece-se também que "da afirmação da vigência de um princípio do equilíbrio contratual não se deve retirar que todas as prestações nos contratos comutativos devem ser equilibradas, mas apenas que na solução das perturbações surgidas na execução desses contratos há que ter em conta, entre outros elementos do sistema, esse princípio"[327]. Em suma, a existência de um princípio geral de equilíbrio e de proporcionalidade no direito dos contratos reclama, mais do que a imposição de uma equivalência das prestações, a rejeição de uma desproporção injustificada ou excessiva entre estas.

A importância do equilíbrio convoca-nos inclusivamente para o campo da tutela da propriedade privada. O Tribunal Europeu dos Direitos do Homem, em sentença de 5 de janeiro de 2000 (Beycler v. Itália), chegou a considerar que a atribuição de um preço inadequado

Meritevolezza degli interessi ed equilibrio contrattuale, Contratto e Impresa, a.3 n.2 (1987), 423-435 (433).

[325] Como se tem escrito, são vários os mecanismos predispostos para a tutela do "contraente débil" que se mostram sensíveis à busca do (re)equilíbrio contratual Cf. Stefano Guadagno, *Squilibrio* cit., 746.

[326] Stefano Guadagno, *Squilibrio* cit., 746.

[327] Rui Pinto Duarte, *O equilíbrio* cit., 1341.

como correspetivo da aquisição da propriedade constitui uma violação do Protocolo Adicional nº 1 da Convenção Europeia para os Direitos do Homem. Na Alemanha, a célebre sentença de 19 de outubro de 1993 do BVerG estabeleceu que o juiz tem o poder de negar eficácia aos contratos excessivamente gravosos para uma das partes em virtude do seu menor poder contratual[328].

Independentemente da existência de um princípio formal e autónomo de equivalência das prestações, este releva sempre seguramente, como dissemos, por via do princípio da boa fé objetiva: "o que o ordenamento visa com o princípio da boa fé objetiva é assegurar que as partes colaboram mutuamente para a consecução dos fins comuns perseguidos com o contrato; impõe-se uma recíproca cooperação com consideração dos interesses uma da outra, para se alcançar o objetivo prático que visa o contrato"[329]-[330]. Com razão se enfatiza, aliás, a crescente importância da boa fé no âmbito do direito das obrigações e, em especial, na intervenção nos contratos em desequilíbrio[331].

De facto, aponta-se uma propensão da jurisprudência para intervir contra o desequilíbrio contratual através da interpretação e aplicação de outros institutos de direito civil, nomeadamente das normas relativas à boa fé na conclusão, na interpretação e na execução dos contratos, que se prestam especialmente a ser utilizadas com esse escopo[332], como temos vindo a demonstrar. Digna de nota, nesta linha, é a sentença da Corte di Cassazione de 20 de abril de 1994, n. 37775, que sublinha que

[328] Cf. Rafaella Lanzillo, *La proporzione fra le prestazione contrattuali: corso di diritto civile*, Pádua, 2003, 3.

[329] Anderson Schreiber, *Existe um dever de renegociar? Reflexões iniciais sobre as consequências do desequilíbrio contratual*, Revista do Advogado, São Paulo, a.36 n. 131 (out. 2016), 21-30.

[330] Recorde-se o que vimos sobre o dever de renegociar os contratos em desequilíbrio: o recurso a tribunal tem inúmeras desvantagens, quer do ponto de vista dos custos quer da continuação futura do relacionamento contratual, sendo a via extrajudicial bem mais interessante desse ponto de vista. De qualquer modo, o dever de renegociação não configura um dever de reequilibrar o contrato em sede negocial mas apenas um dever de entrar em negociação, essencialmente um dever de responder à comunicação. Cf. Anderson Schreiber, *Existe um dever* cit., 29.

[331] Silvia Díaz Alabart, *Pacta sunt servanda e intervención judicial em el equilíbrio de los contratos: reflexión sobre la incidencia de la ley de condiciones generales de los contratos*, em *Condiciones generales de la contratación y cláusulas abusivas*, Valladolid, 2000, 47-73 (63).

[332] Cf. Lanzillo, *La proporzione* cit., 228.

a boa fé concorre para criar a *regula juris* do caso concreto e considerar que a situação em jogo era "objetivamente incompatível com o agir segundo a boa fé": "sobre a base de tal interpretação, as regras de correção e boa fé prestam-se a oferecer um instrumento dúctil e articulado, para intervir [...] contra os contratos desequilibrados"[333].

Por vezes apela-se para uma visão do contrato como lugar de permanência do conflito das contrapostas pretensões das partes e não de composição para o futuro das recíprocas expetativas face à mudança do contexto do acordo. O contrato surge como a trégua possível[334]. Neste âmbito, o princípio da boa fé constitui a regra que permite prospecionar, em abstrato, a capacidade de valorar o conteúdo contratual sobre o qual o juiz pode fazer incidir os seus poderes: a boa fé apresenta-se como regra de legitimação da intervenção do juiz capaz de garantir padrões básicos de conduta e de contratação. Como tem sido apontado, "a boa-fé surge, hoje, reconhecida como um instituto jurídico geral, aplicável em todas as disciplinas: desde o Direito constitucional às diversas áreas processuais. Este sucesso deve-se à sua própria natureza. Não se trata de um instituto comum: antes de um vetor transversal que dá corpo a um modo integrado de funcionamento da Ciência do Direito"[335]. Este instituto intervém como "controlo exterior do conteúdo económico do regulamento pactício, mas prossegue a plena racionalidade do mesmo, coadjuvando a livre explicação da autonomia através da fixação das 'regras do jogo' no âmbito das quais os privados se devem mover"[336].

Assinala-se, por outro lado, que "o princípio da boa fé faz o fecho do sistema legislativo", ou seja, oferece critérios para colmatar as lacunas que este pode revelar na multiplicidade das situações da vida económica e social"[337]. Assim, a boa fé não serve só para paralisar os efeitos de comportamentos inaceitáveis mas também para impor cautelas positivas integrativas das obrigações assumidas"[338].

[333] Lanzilo, *La proporzione* cit., 229 e 230.

[334] Gianluca Sichhiero, *Buona fede e rischio contrattuale*, Contratto e impresa, Padova, a.22 n.4-5 (Luglio-Ottobre 2006), 918-943 (921 ss.).

[335] Menezes Cordeiro, *O princípio da boa-fé* cit., 11.

[336] Stefano Guadagno, *Squilibrio* cit., 749.

[337] Gianluca Sichhiero, *Buona fede* cit., 932.

[338] Gianluca Sichhiero, *Buona fede* cit., 935.

Também acertadamente se sublinha que os limites à utilização da boa fé devem individualizar-se nos casos em que o juiz pretenda impor a sua própria ideia do que seja justo sem que esta traduza uma ideia generalizada; ou pior, impor a sua ideia de justo contrastante com a visão comum: para além destes limites, já não se trata de executar o contrato de boa fé ou de atender ao que razoavelmente se tem em conta na economia do contrato pretendido pelas partes[339].

Em suma, seja por via direta ou autónoma, seja por via do princípio da boa fé, o resultado do processo aplicativo (interpretativo e integrativo) não pode (i) contrariar a composição de interesses contratualmente definida, desequilibrando funcionalmente o contrato; (ii) conduzir a uma vantagem excessiva ou desproporcionada (*e seguramente não querida nem esperada*) pelas partes.

Apurado o equilíbrio negocial, a conduta do contraente que tenha como efeito a respetiva destruição desencadeia a constituição do direito de resolução na esfera jurídica da contraparte. Bem se vê, pois, a importância do apuramento do referido equilíbrio e o impacto do princípio jurídico correspondente, visto em termos autónomos ou não.

É certo que nada impede – insiste-se – uma parte de querer celebrar contratos para si desvantajosos, mas certamente não é esse o caso típico. Em princípio, o contraente quer um contrato vantajoso e assume, apenas, o risco *normal* inerente ao mesmo: não pretenderá, por regra, realizar o interesse da contraparte à custa do seu sacrifício. A própria diretriz geral do artigo 237º do Código Civil merece por excelência aplicação, nos termos que vimos: é da própria natureza e função do contrato a lógica de proteção de interesses patrimoniais próprios, que se opõe normalmente a uma interpretação que conduza a um sacrifício desproporcionado de uma das partes. O contraente sujeita-se à álea normal, mas não mais do que isso: daí a ideia de equilíbrio, vista ou não em termos independentes (*maxime*, relativamente ao princípio da boa fé).

A "álea normal" não pode ser definida em abstrato, antes varia de acordo com os contratos e, portanto, a vontade das partes na sua conclusão. Nas palavras de Menezes Cordeiro[340], a "'álea normal' integra um conceito indeterminado que, por carência de laboração científica e

[339] Gianluca Sichhiero, *Buona fede* cit., 935 e 942.

[340] *Da boa fé* cit., 1102 e 1103.

de experimentação jurisdicional, se torna de concretização problemática. Queda o recurso à interpretação do contrato e à vontade das partes, real, presumida ou presumível".

A matéria relaciona-se naturalmente com a da alteração das circunstâncias, que aqui não tratamos. A nossa perspetiva é antes a determinação do comportamento exigível às partes na execução do contrato. É verdade, porém, que o princípio do equilíbrio anda tantas vezes associado mais ao tópico da alteração das circunstâncias do que à determinação do comportamento exigível, mas apenas porque se trata da sua feição mais visível: não porque tenha, no presente contexto, importância menor.

Em rigor, o equilíbrio do contrato pode perigar por diversos fatores: nomeadamente porque as circunstâncias em que as partes fundaram a decisão de contratar se alteraram mas também porque a conduta de uma das partes destruiu a equação económica do contrato. Ocupamo-nos apenas do último problema mas a proximidade de ambos é clara: está sempre em causa a manutenção do equilíbrio económico do negócio.

Como chamam a atenção Pinto Monteiro/Júlio Gomes[341], "toda a solução representa nesta matéria um compromisso. Por um lado, todo o contrato, mormente o que se destina a vigorar por um certo período, coenvolve a assunção de um risco. [...] Por outro lado, [...] o contrato não é um fenómeno isolado. Ocorre inserido numa realidade social, imerso num ambiente ou *background* que não pode ser completamente ignorado. A economia do contrato pode ver-se radicalmente *alterada* por factores que, tantas vezes, as partes não controlam e sobre os quais podem nem sequer ter formado qualquer representação. Em tais hipóteses, não falta quem tenha afirmado que o contrato cujo cumprimento é agora exigido às partes não é, na realidade, o mesmo que elas antes celebraram".

Se ocorrer um evento que coloca uma das partes numa situação mais favorável e a outra numa situação mais desfavorável do que tinham inicialmente acordado, o equilíbrio do contrato periga, salvo se a situação se integrar na "álea normal" do negócio. Esta apenas em face do contrato concreto e as suas circunstâncias pode ser apurada. Um evento "normal" em determinado contexto contratual pode ser "anormal" noutro. Assim, para se saber se nos encontramos perante um evento que se

[341] *A "hardship clause"* cit., 18.

integra na "álea normal" tem de se olhar para o concreto negócio. Este juízo não é radicalmente diverso daquele que tem de ser efetuado quando se trata de determinar se o incumprimento do negócio por uma das partes justifica a possibilidade de resolução pela outra parte. Na origem, está sempre em causa apurar o equilíbrio negocial.

A distribuição contratual do risco e a definição da "álea normal" estão intimamente relacionadas e são igualmente função do circunstancialismo objetivo que rodeia o contrato e que fundamentou a decisão de contratar, ou seja, prendem-se com a identificação da própria base do negócio. Assim, PINTO MONTEIRO/JÚLIO GOMES[342] referem que "muito embora a questão da base negocial não se esgote [...] numa questão de interpretação, mesmo que chamada de *integradora,* das declarações das partes, é sempre pela *interpretação* destas que temos obviamente de partir".

O problema coloca-se logo, pois – tanto no caso que nos ocupa como no da alteração das circunstâncias – no plano da interpretação do negócio e da atribuição de riscos operada nesta sede[343]. Todavia, não se limita apenas, como se tem apontado, ao apuramento, em termos subjetivos, da vontade real ou presumível das partes ou das suas expectativas, antes avulta a necessidade de "abandonar o dogma da vontade", reconduzindo o problema a uma ideia de "circunstancialismo objetivo": simplesmente, se se afirma que "a base do negócio não parece ser mais do que um 'projeto de justiça' heterónomo em relação à vontade real ou hipotética das partes", a verdade é que "não é indiferente a esta mesma vontade, enquanto expressão da vontade [...], porque é, afinal, no livre desenvolvimento desta que reside o fundamento último do direito civil"[344].

A consideração dos fatores exteriores ao negócio mas que fundamentaram a decisão de celebrar o contrato nos termos previstos constitui, em adição ao que vimos, aspeto essencial para a determinação do respetivo "plano de risco"[345], o que importa para aferir também a pró-

[342] *A "hardship clause"* cit., 39.

[343] Assim CATARINA MONTEIRO PIRES, *Impossibilidade* cit., 419.

[344] CATARINA MONTEIRO PIRES, *Impossibilidade* cit., 419.

[345] Como escreve MENEZES CORDEIRO, a respeito da teoria da base do negócio tal como inicialmente apresentada por OERTMANN, "O. explica que os negócios se firmam sobre certos fundamentos – certa base – que não podem ser ignorados sem formalismo. Esses fundamentos são menos que os motivos: não conduzem à decisão de contratar tendo, quando muito, o alcance negativo de que, sem eles, não se teria contratado; por outro lado, enquanto o mo-

pria gravidade do incumprimento. Seguindo MENEZES CORDEIRO[346], "a autonomia privada implica riscos e anda com a responsabilidade sempre ao seu lado (...)"; daí que se procure uma "solução a nível das normas que, em termos materiais, estejam orientadas para a repartição do risco". A ideia é, sempre, a de "justiça contratual imanente" (*imanente Vertragsgerechtigkeit*)[347].

A importância de salvaguardar o equilíbrio negocial é de tal ordem que é frequente a introdução de cláusulas expressas com esse objetivo. Lembre-se as cláusulas contratuais (*v.g.* cláusulas de *hardship* e de força maior[348]) que tratam do problema geral do risco de agravamento da prestação debitória, independentemente da causa que lhe subjaz. O escopo de cláusulas como essas "é o de manter o equilíbrio global das prestações a que as partes se obrigaram", funcionando como proteção perante "circunstâncias que as partes do contrato (...) não tinham razoavelmente que atender no momento da celebração e cujo risco, por conseguinte, não assumiram"[349]. As situações de *hardship* correspondem a casos de agravamento da prestação: "a cláusula de *hardship* refere-se ao caso em que uma alteração de circunstâncias modifica sensivelmente o equilíbrio económico do contrato, tornando a execução particularmente onerosa para uma das partes, e estabelece, para este caso, uma adaptação do contrato"[350]. Por seu lado, o fim das cláusulas de força maior é idêntico,

tivo é algo de unilateral, que só por coincidência rara é compartilhado entre as partes. São, por outro lado, mais do que motivos: estes representam uma realidade meramente psicológica, que se prende, quando muito, apenas a uma declaração negocial e não ao contrato no seu todo. [...] Tão pouco, porém, ela surgiria como parte do conteúdo contratual, por não ser querida, com consciência, como tal, pelas partes, expressa ou tacitamente, ou corresponderia a uma limitação da vontade das partes [...]". Segundo o Autor, a base do negócio seria, então, "a representação de uma parte, patente na conclusão de um negócio e reconhecida pela contraparte eventual, no seu significado, ou a representação comum de várias partes da existência ou do surgimento futuro de certas circunstâncias sobre cuja base se firma a vontade negocial". Encontram-se, na doutrina subsequente, outras formulações, fundamentalmente com pendor mais objetivista.

[346] *Da boa fé* cit., 1092.

[347] Sobre o tópico, cf. CATARINA MONTEIRO PIRES, *Impossibilidade* cit., 381.

[348] Cf. PINTO MONTEIRO, *Cláusulas limitativas e de exclusão da responsabilidade civil*, 2ª reimpr. da ed. 1985, Coimbra, 2011, 107: as partes, ao contratar, podem inclusivamente estipular que certos acontecimentos, a ocorrerem, exonerarão o devedor, equiparando a eventos de força maior casos que, sem acordo prévio, não seriam assim forçosamente configurados.

[349] PINTO MONTEIRO/JÚLIO GOMES, *A "hardship clause"* cit., 22 e 23.

[350] LIMA PINHEIRO, *Direito comercial internacional*, Coimbra, 2005, 238.

correspondendo umas e outras à "utilização do contrato como forma de controlo e mitigação do risco de superveniências contratuais (...)"[351]. Muitas vezes recorre-se, no contexto dessas cláusulas, a conceitos funcionais ou de escopo (*Zweckbegriffe*)[352], aptos para servir de apoio à construção de mecanismos de proteção do cocontratante contra riscos provenientes de fatores inesperados e que quebram o sinalagma contratual.

Fundamental na interpretação de conceitos deste tipo é lembrar que estes surgem com caráter fundamentalmente normativo (não ontológico ou pré-jurídico): tal implica que no seu preenchimento não importa tanto a situação fáctica por si, mas o significado que apresenta na economia do contrato. Enquanto conceito de natureza teleológica, o seu preenchimento pressupõe que se atenda à valoração que está subjacente mais do que à sua específica configuração fáctica. Quer isto dizer que, apesar da relevância própria de uma ou outra situação exemplificativa surgida no contrato – como normalmente sucede –, o que está em causa, à luz da fisionomia global do contrato e do sentido das cláusulas como forma de alocação de risco, é tipicamente uma proteção perante *eventos perturbadores da economia do contrato*: diversamente do conceito geral-abstrato, o conceito teleológico não é adequado a um juízo de subsunção e obriga a atender, no seu preenchimento, mais aos fins últimos em jogo do que aos específicos exemplos engendrados pelas partes. Assim, a subsunção, como processo tipicamente isento de valoração, não é possível, sendo sempre o intérprete-aplicador remetido para o princípio jurídico que enforma o conceito. Também a aplicação do conceito teleológico é, pois, um processo valorativo. O conceito orientado para a função exprime, pois, diretamente, a sua vocação teleológica para a garantia dos interesses envolvidos.

O que se visa é uma proteção geral contra riscos inesperados, com o objetivo de assegurar o equilíbrio do contrato. O contraente fica assim salvaguardado perante circunstâncias inesperadas, fora do seu controlo. Essas circunstâncias "não podem ser determinadas em abstracto e a nível fáctico mas, tão só, em concreto e a nível normativo: interessam as circunstâncias que, a serem atingidas, tornariam a exigência das prestações implicadas no negócio gravemente contrária aos princípios da boa

[351] CATARINA MONTEIRO PIRES, *Impossibilidade* cit., 395.

[352] LARENZ, *Metodologia da ciência do direito* (trad. port. da 6ª ed. alemã de 1991), Lisboa, 1997, 686.

fé (...) Desde que, para a boa fé, se encontre um conteúdo material, o problema fica resolvido"[353].

A configuração dos conceitos em apreciação como conceitos de escopo ou determinados pela função tem como consequência que o recurso (frequente) a casos típicos exemplificativos não seja excludente de outras situações reconduzíveis ao desígnio de preservação do equilíbrio negocial ainda que na esfera de domínio da contraparte. Decisivo é, em suma, a quebra do equilíbrio negociado.

É por isso, aliás, que assim como se permite expressamente a resolução ou modificação do contrato perante eventos anormais ou imprevisíveis, pode haver resolução quando o incumprimento da contraparte, culposo ou não, provoque um grave desiquilíbrio negocial. Em termos típicos, está em causa toda e qualquer circunstância cuja ocorrência rompe o sinalagma contratual[354] e desfuncionaliza o contrato[355]. Tal é confirmado, de resto, pelo princípio da boa fé, enquanto diretriz interpretativa auxiliar: este princípio implica, designadamente, como vimos, a incorporação contratual das ideias de proporcionalidade e razoabilidade, comprovando a necessidade de consideração de todas as situações em que o equilíbrio contratual é afetado e que por isso são materialmente equivalentes. Apenas o caso concreto permite confirmar estes princípios gerais.

Lembre-se, também aqui, que se trata, ainda e sempre, de interpretar o contrato. Decisivo é sempre, antes, o sentido ditado pela teleologia da cláusula e do contrato como um todo. É à luz do contrato concretamente considerado, e não de quaisquer outros elementos, que se chega a uma conclusão a respeito do seu significado.

[353] MENEZES CORDEIRO, *Da boa fé* cit., 1091.

[354] Sobre o conceito, cf. MARIA DE LURDES PEREIRA/PEDRO MÚRIAS, *Sobre o conceito e a extensão do sinalagma*, em *Estudos em honra do Professor Doutor José de Oliveira Ascensão*, vol. I, Coimbra, 2008, 379-430. Como notam os Autores (p. 420), "a procura de 'equivalência' (ou igualdade) nas obrigações e noutros deveres não é específica dos contratos sinalagmáticos".

[355] O sinalagma surge como "elemento plenamente jurídico e interno da relação atributiva, que lhe dá um específico sentido de conjunto e unidade". (Cf. MARIA DE LURDES PEREIRA/ /PEDRO MÚRIAS, *Sobre o conceito*, 379-430). A sua destruição significa a própria destruição do equilíbrio ou equivalência pretendida no ordenamento jurídico. Porém, como notam também MARIA DE LURDES PEREIRA/PEDRO MÚRIAS, *Sobre o conceito* cit., 420, "a procura de 'equivalência' (ou igualdade) nas obrigações e noutros deveres não é específica dos contratos sinalagmáticos".

Tudo isto serve para mostrar a importância do equilíbrio negocial e como este releva na dinâmica da relação contratual: quer através dos mecanismos legais e contratuais tendentes a evitar que eventos exteriores perturbem a harmonia acordada, quer permitindo a desvinculação da parte quando a contraparte incumpra gravemente as suas prestações, desequilibrando o contrato[356].

[356] Em todo o caso, não é necessária qualquer sindicância externa do contrato, sendo a questão resolvida em termos puramente internos ao negócio, através do exercício de interpretação-integração. Não se coloca, deste modo, qualquer problema de restrição da autonomia privada das partes nem o contrato como *lex inter partes* é posto em causa. As mesmas razões que justificam a intervenção reequilibradora do juiz num contrato desequilibrado geneticamente justificam a intervenção em caso de *desequilíbrio funcional* (cf. Diego Corapi, *L'equilibrio* cit., 36). A vantagem excessiva de uma parte é "injustificadamente" atribuída pelo contrato (*unangemessenem Vorteil*, vantagem conseguida *d'une manière deloyale*). Para qualificar a ausência de justificação da vantagem deve considerar-se, entre outros fatores, a natureza ou o escopo do contrato (cf. Diego Corapi, *L'equilibrio* cit., 32). Trata-se de um particular tipo de *unfairness* ou falta de correção do comportamento: a vantagem conseguida por uma parte com o contrato seria *unfair* no contexto em que se encontra. Aceita-se, hoje, por vias diversas, a sindicância jurisdicional dos contratos desequilibrados do ponto de vista económico-normativo. Como já se escreveu, num ordenamento jurídico em que a autonomia privada, enquanto poder de autodeterminação das regras disciplinadoras dos próprios interesses, e o mercado assumem o papel central, não vale uma ideia geral de restrição da liberdade contratual em benefício da equidade nas trocas e da adequação dos preços, sendo o justo preço determinado através do equilíbrio entre a oferta e a procura, sem necessidade de uma mediação externa (assim, Stefano Guadagno, *Squilibrio* cit., 744). Por esse motivo, por regra, apenas se dá relevo à "injustiça contratual" na hipótese de vícios no processo de formação da vontade e de comportamentos que condicionam a liberdade negocial, *v.g.* em função da debilidade de uma das partes: é uma ideia de justiça procedimental (*procedural justice*). Cf. Stefano Guadagno, *Squilibrio* cit., 744. Todavia, em múltiplas situações impõe-se um controlo material do equilíbrio das prestações.

5. Cláusulas resolutivas

Até agora temos analisado a resolução de fonte legal, sem prejuízo de pontuais alusões à resolução *ex contractu*. A resolução pode efetivamente ter lugar com fundamento na lei mas também no contrato, nos termos do artigo 432º do Código Civil[357].

A possibilidade de regulação contratual do incumprimento resolutório é comum à generalidade dos ordenamentos jurídicos. Um dos direitos onde esta faculdade mais é aproveitada é, compreensivelmente, o inglês. Como vimos, neste, a resolução pode ocorrer em virtude de convenção ou quando o incumprimento seja "fundamental". Ora, aceita-se que as partes regulem os casos que dão origem à resolução, quer determinando-os positivamente, quer excluindo a possibilidade de resolução por *fundamental breach*: ou seja, determinando que apenas os incumprimentos especificados no contrato podem dar lugar ao direito de resolução.

Paralelamente, admite-se que as partes estabeleçam o direito de fazer cessar o contrato mesmo que não se trate de um termo de importância essencial ou que o seu incumprimento não tenha consequências

[357] Naturalmente que "a cláusula resolutiva expressa limita-se a constituir um fundamento para o exercício do direito de resolução, continuando o seu titular a poder decidir se o exerce ou não" [RPt 15-mar.-2010 (Caimoto Jácome), Proc. 4015/07 cit]. Assim, "é admitida a resolução do contrato fundada em convenção, traduzindo-se aquela na destruição da relação contratual validamente constituída, operada por um dos contraentes com base num facto posterior à celebração do contrato, no intuito de fazer regressar as partes à situação anterior à celebração do mesmo, como se não tivesse sido realizado" [RLx 16-out.-2007 (Roque Nogueira), Proc. 6762/07, CJ nº 201, Tomo IV/2007].

sérias para o lesado: se, em princípio, teria de se demonstrar que existe uma *condition* de relevância vital ou um termo inominado cujo incumprimento tem consequências suficientemente sérias para justificar o direito de cessação, já as *termination clauses* podem ser redigidas de modo a prescindir dessas exigências.

Está em causa a liberdade contratual e a vontade de certeza jurídica, evitando zonas cinzentas resultantes da aplicação da *common law*. Fora do âmbito dos contratos de consumo, para os quais existem regras específicas, tem-se inclusivamente apontado que as *termination clauses* não têm de passar um teste de *fairness* ou de razoabilidade para serem válidas e que o direito contratual de fazer cessar o contrato não se encontra restringido por uma exigência de boa fé, em conformidade com a ausência de um princípio geral correspondente no direito inglês[358]. Se as cláusulas estiverem redigidas com clareza, os tribunais tendem, aliás, a não impedir o seu funcionamento. Em casos em que as cláusulas contratuais se limitam a admitir a resolução extrajudicial verificando-se a "violação de qualquer das obrigações previstas no contrato", o Tribunal já considerou que estas apenas permitiam a cessação caso ocorresse um *repudiatory breach*, ou seja, um incumprimento que à luz da *common law* fosse causa de resolução, o que significa que as cláusulas em si mesmas se tornam redundantes[359].

A solução não é unanimemente aceite, precisamente porque desconsidera a vontade das partes que incluíram no contrato uma cláusula que perde totalmente o seu sentido. Por isso também já tem sido sugerido que a resposta prática nestes casos é as partes deixarem expresso que a cessação do contrato pode resultar de qualquer incumprimento mesmo que não seja um *repudiatory breach*[360]. Ou seja, as partes podem elevar contratualmente a ocorrência de todo e qualquer incumprimento a incumprimento resolutório, o que significa que é possível surgirem situações (em consequência da não aplicação do controlo *ex bona fide*) em que o remédio resolutório é desproporcional ao incumprimento, o que explica a eventual recondução destas cláusulas a cláusulas penais[361].

[358] Cf. Rowan, *Remedies* cit., 77 ss.

[359] Cf. *Rice (t/a Garden Guardian) v. Great Yarmouth Borough Council* [2003] TCLR (CA).

[360] Cf. Rowan, *Remedies* cit., 77, com referências.

[361] Cf. *Wahdham Stinger Finance Ltd v Meany* (1981), 1 W.L.R. 39.

Existindo o direito contratual de resolução, o *right of termination* pode ser exercido ou não por vontade discricionária do seu titular, independentemente de qualquer juízo de razoabilidade ou de *fairness*, sendo igualmente irrelevantes os motivos que conduzam a uma ou outra opção. Decidindo pôr fim ao contrato, pode o contraente fazê-lo por declaração dirigida à contraparte, sem qualquer exigência de forma especial (salvo se esta resultar do contrato). O objetivo da não intervenção do Tribunal é tornar o processo mais expedito e menos dispendioso[362], além de que conduz a um contrato *judge-proof* numa ótica de "autotutela preventiva"[363], transformando o juiz num mero controlador *a posteriori* da regulamentação instituída pelas partes, que só em casos excecionais tende a postergar, em virtude da não aplicação de um controlo *ex bona fide*.

Sem prejuízo do relevo da autonomia privada em matéria de incumprimento resolutório no direito inglês[364], frequentemente encontramos, nos diversos ordenamentos jurídicos (incluindo o português), por influência anglo-saxónica, cláusulas resolutivas expressas previstas no contrato, com vista a dispensar a valoração judicial da gravidade do incumprimento, estabelecendo as partes *ex ante* o nível de incumprimento que permite aceder ao instrumento resolutório[365]. Ultrapassa-se, assim, a visão tradicional que atribuía um papel residual à autonomia privada em matéria de remédios para o incumprimento contratual.

As cláusulas de resolução visam, tipicamente, a dupla função de acelerar o procedimento de resolução do contrato e de predeterminar o incumprimento que justifica a cessação[366]. São, no fundo, parâmetros para conferir aos operadores económicos a possibilidade de conhecerem *ex ante* com certo grau de segurança qual o incumprimento que pode ser

[362] Cf. Rowan, *Remedies* cit., 78.

[363] Sobre os remédios de justiça privada para a falta de execução do contrato, cf. Bertino, *Le clausole sulla non scarsa importanza dell'inadempimento*, Padova, 2016, 10 ss.

[364] Também na lei alemã se prevê expressamente a hipótese de cláusulas resolutivas, reservando-se a parte no contrato o direito de resolução (§ 346 I), em termos expressos ou implícitos, acordados especificamente ou em cláusulas contratuais gerais. Cf. Fikentscher/Heinemann, *Schuldrecht* cit., Rn. 529. O § 350 prevê que o direito contratual de resolução expira se não se tiver fixado no contrato prazo para o seu exercício e este não se verificar dentro do prazo para o efeito fixado pela outra parte.

[365] Lorenzo Bertino, *Rilevante gravità dell'inadempimento nella clausola risoluta expressa*, Contrato e Impresa, a.28 n.1 (gennaio-febbraio 2012), 106-125 (106).

[366] Lorenzo Bertino *Le clausole* cit., 49.

considerado grave, tendo em conta a natureza elástica dos conceitos na matéria em análise, suscetível de deixar ampla margem de discricionariedade na apreciação concreta da inexatidão quantitativa, qualitativa ou temporal do incumprimento[367].

São muito diversos os conteúdos possíveis dessas cláusulas resolutivas[368].

Não é raro, em primeiro lugar, as mesmas surgirem praticamente como "cláusulas de estilo", fazendo mera referência genérica à violação das obrigações contidas no contrato[369] ou contendo uma exigência de gravidade do incumprimento[370]-[371]. Trata-se no fundo de repe-

[367] Cf. Bertino, *Le clausole* cit., 5 e 6; Cass, 26-jun.-2006, n. 20818, Giust. Civ. Mass. 2006, 9. Também se aponta a função compulsória destas cláusulas. Cf. Calvão da Silva, *Cumprimento e sanção pecuniária compulsória*, 1987, Separata do vol. XXX do Suplemento ao Boletim da Faculdade de Direito de Coimbra, 325; Romano Martinez, *Da cessação* cit., 163.

[368] Saber se se identifica no caso concreto uma cláusula resolutiva é sempre um problema de interpretação. Cf., *v.g.*, o acórdão do STJ de 16-nov.-2017 (Abrantes Geraldes), Proc. 768/08.6TBPVZ.P2.S1, "a resolução de contratos pode ser despoletada tanto a partir da verificação de uma situação de incumprimento definitivo, como a partir do preenchimento de uma cláusula resolutiva expressa. É de qualificar como cláusula resolutiva expressa a convenção inserida num contrato-promessa de compra e venda segundo a qual se consideraria em situação de incumprimento definitivo o promitente-comprador que, depois de faltar ao pagamento de pelo menos três prestações consecutivas, deixasse decorrer o prazo de três meses para efectuar o pagamento de todo o preço, facultando ao promitente-vendedor a declaração de resolução". Cf. ainda, *v.g.*, o acórdão do STJ 9-out. 2008 (Santos Bernardino), Proc. 1926/08: "a cláusula, aposta num contrato de cessão de exploração de estabelecimento comercial, segundo a qual 'ambas as partes acordam que, no caso de o negócio vir a ter problemas de falta de rentabilidade, o segundo outorgante poderá entregar a exploração do negócio ora cedida ao primeiro outorgante, ficando obrigado, no entanto, apagar as rendas que se vencerem até ao final do ano em que essa entrega se vier a verificar', obrigando-se ainda o cessionário a avisar o cedente, da sua intenção de entregar estabelecimento, com a antecedência mínima de 60 dias, constitui uma verdadeira cláusula resolutiva".

[369] Stefano Trifiro, *Clausola resolutiva expressa*, Rivista di diritto privato, nº 3 (1989), 685--701(686).

[370] Stefano Trifiro, *Clausola* cit., 687, sublinhando que não pode aplicar-se de modo automático o princípio de que é cláusula de estilo aquela que se refere indistintamente a todas as obrigações contratuais, devendo ser feita uma adequada indagação da vontade das partes. Cf. o acórdão da RLx de 28-out.-2010 (Carla Mendes), Proc. 3121/07.5TJLSB.L1-8: "as partes não podem dar à cláusula resolutiva expressa um conteúdo meramente genérico, referindo-se, por exemplo, ao incumprimento de todas as obrigações contratuais. (...) Quando se limitem a fazer uma mera referência genérica, em branco, à violação de (qualquer uma das) obrigações nascentes do contrato, a estipulação não passará de uma mera cláusula de estilo, meramente rappel do regime jurídico da chamada condição resolutiva tácita, já que

tição da fundamentação da lei e, nessa medida, não se exclui a aplicação dos pressupostos da resolução legal, ainda que as cláusulas possam ajudar a concretizar o patamar de relevância mínima de que o incumprimento se deve revestir à luz do contrato[372]. Considerando o caráter normalmente aberto das cláusulas contratuais, é fundamentalmente com consideração dos princípios e regras gerais que deve avaliar-se a suscetibilidade de recurso à resolução, fornecendo, não obstante, a regulamentação contratual apoio para a interpretação do que deve entender-se como um incumprimento das obrigações decorrentes do contrato suscetível de dar causa à cessação do mesmo.

Em termos radicalmente diversos, podem surgir cláusulas a permitir a resolução em casos em que o direito correspondente não resultaria da lei, i.e., cláusulas que criam um fundamento contratual de resolução para além do fundamento legal, seja porque indicam concretamente como fundamento determinadas obrigações cuja importância na econo-

não houve uma prévia vontade contratual (bilateral) que de facto valorasse especificamente a gravidade da inadimplência". A respeito da cláusula resolutiva genérica, cf. também, *v.g.*, o acórdão da RCb. de 2-mar.-2011 (Barateiro Martins), Proc. 357/09.8TBCBR-C1, CJ nº 229, Tomo II/2011: "para efeitos do disposto no art. 432º, nº 1 do Cód. Civil, dado o seu conteúdo genérico, não vale como cláusula resolutiva expressa a inserta em contrato de locação na qual se previu que 'o incumprimento pelo locatário de qualquer das obrigações por ele assumidas dará lugar à possibilidade da sua resolução pelo locador'".

[371] Cf. Giorgio Bianchi, *Rescissione* cit., 176: são cláusulas de estilo "aquelas que são redigidas não com referência a um específico incumprimento, mas com referência genérica à violação de todas as obrigações contidas no contrato com a consequência de que deve ser considerada a importância do incumprimento em relação à economia do contrato".

[372] Calvão da Silva, *Cumprimento* cit., 322 e 323: "as partes não podem dar à cláusula resolutiva expressa um conteúdo meramente genérico, referindo-se, por exemplo, ao incumprimento de todas as obrigações contratuais. Têm de fazer uma referência explícita e precisa às obrigações cujo incumprimento dá direito à resolução, identificando-as. Desde que identificadas uma a uma, obviamente que a cláusula resolutiva já pode reportar-se à totalidade das obrigações emergentes do contrato. Esta limitação à liberdade contratual radica na própria razão de ser e função da cláusula resolutiva. [....] Quando se limitem a fazer uma mera referência genérica, em branco, à violação de (qualquer uma das) obrigações nascentes do contrato, a estipulação não passará de uma mera cláusula de estilo, meramente rappel do regime jurídico da chamada condição resolutiva tácita, já que não houve uma prévia vontade contratual (bilateral) que de facto valorasse especificamente a gravidade da inadimplência". Cf., socorrendo-se expressamente desta doutrina, também os acórdãos da RLx de 23-fev.-2006 (Salazar Casanova), Proc. 10182/2006-8, de 9-mar.-2006 (Granja da Fonseca), Proc. 1852/2006-6 e de 28-out.-2010, cit.

mia do contrato não é tanta que o respetivo incumprimento justificasse a resolução (não existiria, objetivamente, um incumprimento resolutório), seja porque dispensam, em termos abstratos e mais amplos, a exigência de que este seja essencial, dizendo, por exemplo, que todo e qualquer incumprimento é suscetível de originar o direito de fazer cessar o contrato[373].

Pergunta-se, assim, se é possível prever a resolução por motivos menores. São fatores que as partes subjetivamente consideraram relevantes mas que não o são do ponto de vista objetivo. Normalmente do que se trata é não só de procurar eliminar a incerteza decorrente do caráter indeterminado da cláusula mas também de incentivar o devedor à melhor execução do contrato: ou seja, prevê-se a resolução em casos mais amplos do que os que resultariam da lei afinal para desincentivar o próprio incumprimento e a resolução do contrato[374].

Noutros ordenamentos, como o italiano, onde o tema é analisado, alguma doutrina considera que em princípio se verifica a intangibilidade da pré-configuração negocial da gravidade do incumprimento, sem prejuízo de sublinhar que, para além de não serem admissíveis cláusulas que permitam a resolução perante um incumprimento levíssimo e ultrapassável, funciona o princípio da boa fé como limite. Haverá mesmo nulidade da cláusula que o contrarie: o contrato como um todo permanece válido exceto se se concluir que os contraentes não o teriam celebrado sem essa cláusula[375]. Entre nós, Brandão Proença entende que "a resolução não deve ganhar espaço através de cláusulas resolutivas cuja aplicação faça tábua rasa de *limitações fundamentais*" [376] e que "não é defensável a existência de duas resoluções, a legal e a convencional, *assentes numa diversidade de princípios essenciais*" [377]. Por esse motivo, ainda segundo o Autor, "há que exigir que a cláusula resolutiva esteja traduzida num *fundamento concreto* que corresponda a *interesses sérios* (fruto de uma avaliação equilibrada e ponderada) e não a razões puramente subjectivas ou de mero capricho da parte legitimada" [378]. Em princípio, vale

[373] Cf., *v.g.*, Romano Martinez, *Da cessação* cit., 82.

[374] Cf. Bertino, *Le clausole* cit., 78.

[375] Cf. referências em Bertino, *Le clausole* cit., nota 127.

[376] *A cláusula* cit., 33.

[377] *A cláusula* cit., 34.

[378] *A cláusula* cit., 35.

a autonomia privada, sem prejuízo da atuação do instituto do abuso do direito, quando verificados os seus pressupostos, que conduzem a um controlo à luz do princípio da tutela da confiança e da primazia da materialidade subjacente.

Por vezes considera-se que o simples facto de as partes terem estipulado uma cláusula resolutiva expressa funciona como uma presunção absoluta do caráter essencial do incumprimento, ou seja, de que as partes valoraram o incumprimento nesse sentido sem que se admita prova contrária. Nestes casos atribui-se à cláusula uma função prevalentemente sancionatória ou de pena privada[379].

Quando se derroga, em abstrato, o requisito da importância do incumprimento, estabelecendo que qualquer que este seja pode haver cessação do contrato, a situação é diferente porque as partes não estão a considerar determinado incumprimento como fundamental (elevando-o, pois, subjetivamente a essa categoria), antes pretendem dispensar a exigência em si. Aqui, o problema será de interpretação do contrato, tendo sempre em conta o princípio da boa fé.

Outra hipótese a ponderar é a da cláusula resolutiva unilateral, em que o incumprimento que reveste caráter resolutório é apenas o de uma parte. Admite-se que neste caso possa existir um uso distorcido da autonomia privada. Mais uma vez, vale o controlo levado a cabo por via do princípio da boa fé.

Um caso adicional é aquele em que a cláusula impede a resolução mesmo perante um incumprimento grave, tendo em conta o objetivo de proteger o devedor dos efeitos da resolução, *maxime* da sua eficácia retroativa, que poderiam ser para ele excessivamente gravosos, em particular em determinados tipos contratuais (*v.g.* empreitadas de imóveis)[380]. Pode, por exemplo, a cláusula estabelecer que "qualquer que seja o incumprimento, este não comportará resolução". Se noutros direitos, como o inglês, esta convenção é aceite, entre nós já dissemos que não é possível a renúncia ao direito de resolução, por força do artigo 809º do Código Civil, além de que estaria em causa desaplicar o princípio da boa fé, o que, no ordenamento jurídico nacional, não é certamente admissível. Os riscos de excessiva onerosidade não devem

[379] Assim BERTINO, *Le clausole* cit., 54.
[380] Cf. BERTINO, *Le clausole* cit., 78.

ser desconsiderados, mas não podem levar a negar a resolubilidade do negócio.

Em algumas áreas, surgem outras hipóteses específicas com o maior relevo prático. É comum, por exemplo, os negócios de aquisição de empresa[381] preverem as conhecidas cláusulas MAC (*Material Adverse Change*) ou MAE (*Material Adverse Effect*), que permitem a parte abandonar o contrato sem qualquer sanção se a contraparte tiver sofrido uma MAC, i.e., uma modificação negativa de caráter significativo, ou uma MAE, i.e., um efeito adverso significativo (muitas vezes referidas simplesmente como as cláusulas MACs, em globo). Este tipo de cláusula gera intensa litigância e "os montantes em controvérsia nestes casos têm frequentemente sido espetaculares"[382], de tal forma que se pode dizer que estas ocupam hoje um lugar central na negociação dos acordos em causa[383]. Porque tradicionalmente assim não sucedia, já se falou "da promoção das cláusulas MAC e MAE do coro das M&A para o centro do palco"[384], o que justificou abundante literatura sobre o tema. Escreveu-se mesmo que "a cláusula MAC é a mais importante cláusula nos mais importantes contratos do nosso tempo"[385]. Se demonstração fosse necessária, o caso da aquisição da Merrill Lynch pelo Bank of America é bem elucidativo do impacto que tais cláusulas podem atingir: a ameaça do Bank of America de invocar a cláusula MAC na aquisição de $50 mil milhões da Merrill Lynch[386], em virtude da degradação da situação financeira desta instituição de crédito, levou o governo federal, temendo o "caos financeiro", a atribuir 20 mil milhões de dólares de financiamento. E casos

[381] Sobre problemas relacionados, cf. Catarina Monteiro Pires, *Aquisição de empresas e de participações acionistas. Problemas e litígios*, Coimbra, 2018, 13 ss.

[382] Assim, Robert T. Miller, *The Economics of deal risk: Allocating Risk Through MAC Clauses in Business Combination Agreements*, 50 William and Mary Law Review 2007 (2007 e 2008).

[383] Cf. Ronald D. Gilson/Alan Schwartz, *Understanding MACs: Moral hazard in acquisitions*, (fev. 2004), Columbia Law and Economics Working Paper No. 245; Stanford Law and Economics Olin Working Paper No. 278; Yale Law & Economics Research Paper nº 292, disponível em http://ssrn.com/abstract=515105 ou http://dx.doi.org/10.2139/ssrn.515105.

[384] Ronald D. Gilson/Alan Schwartz, *Understanding MACs* cit.

[385] Andrew A. Schwartz, *A "standard clause analysis" of the frustration doctrine and the material adverse change clause*, (set.-2009). UCLA Law Review, Vol. 57, 2010; U of Colorado Law Legal Studies Research Paper Nº 09-15, disponível em http://ssrn.com/abstract=1466131.

[386] O acordo foi noticiado no mesmo dia em que a Lehman Brothers se apresentou à insolvência e um dia antes da operação de salvamento da AIG.

houve em que a invocação da cláusula aniquilou acordos multimilionários, justificando o título da *The Economist*: *"Breaking merger deals: MAC the knife"*.

Não é nosso objetivo analisar aqui as múltiplas dúvidas suscitadas pelas cláusulas MAC mas sim explorar o seu significado na medida em que representam a consagração contratual, mais ou menos especificada, de situações de inexigibilidade. Dizemos "mais ou menos especificada" devido ao diferente grau de densificação das cláusulas: enquanto as tradicionais cláusulas MAC eram essencialmente genéricas, vieram posteriormente a ganhar um muito elevado grau de concretização.

Outro exemplo de regulação pelas partes de hipóteses de inexigibilidade, de funcionamento mais simples, é o das chamadas cláusulas *walk-away*. Ficaram conhecidas, por exemplo, as comercializadas pela Hyundai como "seguro Hyundai" (e, depois, também, em termos sensivelmente equivalentes, pela Ford e pela General Motors), as quais permitem ao comprador parar de fazer pagamentos e devolver o veículo "em caso de modificação de certas circunstâncias da vida" que tornam o carro muito menos valioso para ele do que esperado, como o desemprego ou a perda de carta de condução[387]. Exemplos equivalentes são cláusulas incluídas em contratos relativos a viagens de férias no que respeita às condições meteorológicas (p. ex., a "Barbados Perfect Weather Guarantee")[388]. A doutrina norte-americana tem sublinhado que estas cláusulas são, em rigor, manifestações que se aproximam da *frustration doctrine* – próxima da alteração das circunstâncias continental –, alargando-a nos resultados a que conduz. Trata-se, no fundo, de regular contratualmente a afetação do risco[389] – de forma que se tem alegado economicamente eficiente –, através da estipulação de cláusulas que, tecnicamente, consubstanciam casos de inexigibilidade. Elas assumem, por isso, um lugar que não deve ser negligenciado na análise da inexigibilidade quando construída ou identificada a partir "de dentro", i.e., a partir do contrato: seja implícita ou (mais raro) expressamente.

[387] Cf. o exemplo em Andrew A. Schwartz, *A standard clause* cit., 32.

[388] Cf. Andrew A. Schwartz, *A standard clause* cit., 33, nota 151.

[389] Cf., *v.g.*, Robert T. Miller, *The economics* cit., 2007 ss.; Antonio J. Macias, *Risk allocation in acquisitions: the uses and value of MAE-Exclusions* (out.-2011), disponível em http://ssrn.com/abstract=1392304.

Finalmente, merecem consideração as cláusulas de resolução automática (*automatic termination clauses*) que determinam o "cancelamento" automático do contrato em caso de ocorrência de determinado evento. Estas cláusulas são especialmente analisadas no direito anglo-saxónico, entendendo-se, em geral, que devem ser aceites desde que não impliquem o aproveitamento pelo contraente faltoso da sua própria falta[390].

Como dissemos, normalmente, as cláusulas contratuais estabelecem não só fundamentos substantivos para a resolução mas também requisitos procedimentais. Em qualquer caso, pode acontecer que o contraente não observe esses requisitos mas exista fundamento alternativo de cessação do contrato à luz dos princípios gerais. No direito inglês, pergunta-se se o direito contratual de cessação funciona como um código completo (*"complete code"*) que determinaria a inaplicabilidade da *common law*. Entende-se que assim não sucede e que é, em princípio, irrelevante que o contrato não tenha ressalvado expressamente a aplicação das regras gerais[391]. No ordenamento português, caso as exigências legais sejam observadas, a cessação do contrato não é prejudicada. Ou seja, a regulação contratual não substitui nem afasta a regulação legal, até porque esta se baseia em princípios fundamentais de ordem pública, insuscetíveis de serem afastados pelas partes.

[390] Cf. J.W. Carter, *Carter's breach of contract,* 2ª ed., Oxford-London-New York-New-Delhi-Sydney, 2019, 10-03.

[391] J.W. Carter, *Carter's breach of contract* cit., 10-16.

6. Alternativas à resolução total do contrato: resolução parcial, modificação e renegociação

6.1. Resolução parcial/modificação como alternativa à resolução total em caso de incumprimento parcial?

Como vimos até agora, em geral, havendo incumprimento, podem ser desencadeados os mecanismos normais de tutela da parte fiel: além da (i) ação de cumprimento; (ii) a resolução do contrato; (iii) o pedido de indemnização por responsabilidade civil obrigacional, abrangendo todos os danos. Para haver direito de resolução, nos termos expostos, terá de se averiguar a *gravidade* do comportamento do sujeito incumpridor, mostrando que este configura "justa causa" de cessação da relação contratual, por quebra grave da confiança. Em muitos casos, porém, apesar do incumprimento grave, a resolução global não é – segundo cremos – a figura mais adequada para lidar com a perturbação do cumprimento, colocando-se a questão da suscetibilidade de resolução meramente parcial do contrato, que tem merecido escassa atenção entre nós, apesar de a sua admissibilidade resultar da lei no caso de impossibilidade parcial: artigos 793º/2 (impossibilidade não imputável ao devedor) e 802º (impossibilidade culposa).

Noutros ordenamentos jurídicos como o alemão, em que o enquadramento legislativo e similar, aceita-se hoje, paradigmaticamente, que, dizendo o incumprimento respeito a apenas parte da prestação, ocorra uma resolução meramente parcial. No entanto, o contraente pode optar pela resolução total do negócio: tal será possível se o credor não tiver interesse na prestação parcial (§ 323 V 1)[392]. Esta norma pressupõe que a prestação seja divisível, pois, no caso contrário, a prestação parcial nem poderá ser realizada[393].

Quando o incumprimento seja parcial e verificando-se a referida divisibilidade das prestações, apesar da situação de inexigibilidade de manutenção do vínculo negocial, em muitas situações o remédio geral – que seria a resolução total do contrato – não é nem adequado nem proporcional. Em alguns casos, apenas uma resolução parcial vai ao encontro dos interesses do credor e, muitas vezes, da própria contraparte. Trata-se, simplesmente, de reconhecer que não é exigível manter o contrato *como um todo,* mas é possível e razoável manter parte do mesmo: não há razão nem é do interesse de qualquer dos contraentes uma solução mais gravosa.

No direito inglês, aponta-se que, em princípio, o direito de resolução se refere ao contrato como um todo mas pode respeitar apenas a parte dele (*"a severable part of a contract":* uma parte separável do contrato), o que pode resultar da *common law,* dos estatutos ou de acordo das partes. Estas podem expressamente prever que os seus direitos em relação a parte do contrato devem ser determinados como se se tratasse de um contrato separado; em alternativa, o contrato pode atribuir uma opção ao contraente fiel de resolver total ou parcialmente o negócio. Indo mesmo mais longe, admite-se também a resolução relativamente "a obrigações decorrentes de uma aplicação do contrato a um conjunto determinado de circunstâncias"[394].

Entre nós, muitas vezes as respostas são em sentido contrário à admissibilidade da resolução parcial. Assim, Menezes Cordeiro[395], por exemplo, considera que "o titular ou resolve ou não resolve. Não pode escolher o melhor de dois mundos. De outro modo, a segurança do comércio jurídico seria afetada, enquanto o beneficiário receberia um potencial de vantagens que a lei não reconhece. A aplicação, à resolução, de institutos paralelos aos da redução (artigo 292º) e da conversão (artigo 293º) requereriam, sempre, o acordo da outra parte: iriam

[392] Cf. Looschelders, *Schuldrecht* cit., 260.
[393] Cf. BGH 16.10.2009, V ZR 203/08 (NJW 2010, 146).
[394] Cf. J.W. Carter, *Carter's breach of contract,* cit., [3-01], [3.21], [6-31].
[395] *Tratado* IX cit., 929.

colocar esta perante uma situação de um tipo contratual com a qual, de todo, ela poderia, legitimamente, não contar". Já ROMANO MARTINEZ[396] admite a "resolução" parcial em caso de divisibilidade das prestações, caso em que o contrato subsiste amputado de uma parte, havendo, em boa verdade, a sua modificação, que se deve reger pelos critérios da redução do negócio jurídico (artigo 292º).

A admissibilidade da resolução parcial escuda-se, segundo julgamos, no artigo 802º, cuja solução é transponível para o caso de incumprimento (tal como vimos a respeito do artigo 801º). É claro que, em muitos casos, a resolução parcial traduz-se materialmente numa modificação do conteúdo do contrato, o que não constitui, em si, obstáculo.

A hipótese enquadra-se bem no nosso Direito, tendo em conta o princípio do aproveitamento do negócio jurídico, que depõe a favor da manutenção do contrato ainda que com alterações, bem como o princípio da boa fé, que reclama a solução mais justa, do ponto de vista material, e que melhor garanta a confiança do contraente fiel. Estando legalmente contemplada a resolução, consensualmente aplicável às situações de inexigibilidade (subjetiva ou objetiva), o pedido de modificação do contrato, que não acarreta a destruição em bloco do mesmo, constitui solução coerente. Aliás, noutros lugares do ordenamento jurídico surgem em alternatividade perfeita a resolução e a modificação do contrato, segundo juízos de equidade, desde que preenchidos determinados requisitos (*v.g.*, o artigo 437º, quanto à alteração das circunstâncias). Também por esta via se é conduzido ao mesmo resultado anteriormente apresentado.

A solução ora em análise deve ser ponderada quando se verifique ser, no caso concreto, a melhor via de proteção dos interesses em jogo e não a cessação global do contrato, desde que a inexigibilidade se refira à manutenção (apenas) de determinadas cláusulas do acordo. A resolução destrói o contrato "em bloco" o que pode contrariar os interesses da parte cumpridora, que seria obrigada a destruir o contrato como um todo, quando é certo que existe interesse em manter determinadas cláusulas ou parte da prestação, que podem ser de importância marcada, não obstante a gravidade do incumprimento. Por outras palavras, mesmo

[396] *Da cessação* cit., 74 e 175.

que os pressupostos e a *ratio* da resolução estejam plenamente preenchidos, pode suceder que as consequências de uma aplicação cega da figura não sirvam uma adequada tutela do credor.

Não há contradição com a exigência de gravidade do incumprimento: o incumprimento grave é suscetível de justificar o direito de resolução, sem prejuízo de o contraente fiel poder manter o contrato, nos termos que já vimos. O que acontece é que esta opção, pelas características do próprio contrato, pode em si mesma ser ofensiva à luz do princípio da boa fé e da ideia de inexigibilidade.

Um exemplo que pode ser utilmente convocado ocorre quando, no contexto de acordo parassocial (artigo 17º do Código das Sociedades Comerciais), existe, por parte de um dos sócios, um incumprimento resolutório. O acordo considerado neste caso reveste natureza *intuitu personae*, tendo sido celebrado entre as partes tomando em consideração as suas características e a sua particular identidade, o que é confirmado no exemplo ora considerado por impor a manutenção de uma determinada estrutura acionista, em termos bem diversos dos que resultariam do direito societário geral (cf. artigo 328º do Código das Sociedades Comerciais). Assim, o contrato pressupõe uma relação de confiança e de colaboração estreita, bem como certas qualidades das partes, *v.g.*, de honorabilidade e lealdade, que são fundamentais para a consecução da finalidade contratual. Poderá eventualmente até invocar-se a ideia de uma boa fé intensificada (*uberrima fide*), que tem sido avançada a respeito dos deveres de lealdade nas sociedades comerciais[397]. Ou seja, a regulamentação parassocial constitui uma relação de colaboração e confiança recíprocas, em que são decisivas as qualidades pessoais dos contratantes. Por isso, nestes contratos surge uma obrigação de conteúdo mais extenso: uma obrigação de abstenção de qualquer comportamento que faça desaparecer aquela relação de confiança. Esta é uma obrigação intensificada face à que resulta de uma normal relação contratual.

[397] Cf. Carneiro da Frada, *A business judgement rule no quadro dos deveres gerais dos administradores, em Jornadas sociedades abertas, valores mobiliários e intermediação financeira, Coimbra*, 2007, 201-242. Sobre a relação de confiança e o comportamento de boa fé, cf. Carneiro da Frada, *Teoria da confiança e responsabilidade civil*, Coimbra, 2004, 474 ss.

Num caso como este, torna-se inexigível a manutenção da relação contratual perante um incumprimento grave que atente contra a confiança exigida. Simplesmente, o contraente fiel continua com frequência a ter interesse na execução do acordo parassocial, pois a relação social permanece e, resolvendo o contrato, ele ficará porventura em pior situação do que de outra forma estaria. No domínio societário – em particular, nas sociedades anónimas –, a regulamentação parassocial é tanto ou mais importante do que a regulamentação social: fazê-la decair para além do necessário seria ignorar o domínio específico em que nos situamos e desequilibrar o funcionamento da sociedade; acresce que não raramente o acordo envolve múltiplos contraentes, sendo certo que a resolução poderá, ela própria, prejudicar uma ou mais partes eventualmente até alheias à questão.

A mera via indemnizatória não é suficiente, tendo em conta o prolongamento no tempo da relação social e o facto de a contraparte ter violado de forma grave e sintomática os seus deveres, sendo efetivamente desrazoável exigir da parte fiel a manutenção da sua adstrição a determinadas obrigações que se justificavam precisamente em função da relação de confiança destruída. Por exemplo, na sequência dos comportamentos da contraparte não poderá considerar-se *exigível* (i.e. *razoável*) que a parte fiel se comprometa a preservar a estrutura acionista nos termos previstos no negócio. A única solução para tutelar a parte fiel será a modificação do contrato de forma a que não se apliquem as cláusulas do acordo parassocial que não se harmonizem com a quebra de confiança verificada, como é, paradigmaticamente, o caso da cláusula que obriga à manutenção da estrutura acionista.

A resolução do contrato é um remédio ou expediente facultado ao credor para defesa dos seus interesses. Não é sequer, como temos visto, uma sanção dirigida contra o inadimplente. Se assim fosse, exigir-se-ia sempre culpa para a resoluçãpo do contrato, o que não acontece: lembre-se os casos de justa causa objetiva, por vezes previstos na lei[398] e os casos potencialmente resultantes, como veremos, da aplicação do princípio da boa fé. Ora, se o objetivo da resolução é, sempre, a tutela da parte fiel, não é possível configurar uma situação em que o próprio

[398] Cf. *v.g.* artigo 30º, *b)* do Decreto-Lei nº 178/86, de 3 de Julho, que regula o contrato de agência.

meio de tutela cause danos à parte a quem a mesma é conferida. Nesse caso, o mecanismo garantístico em jogo funcionaria contra a sua própria intenção protetora. Tal o que sucederia num cenário em que à parte fiel só surgissem, num exemplo como o apresentado, duas hipóteses:

- *optar pela resolução do acordo,* caso em que ficaria "em bloco" sem a regulamentação negociada e, portanto, privado da proteção dos seus interesses nos termos em que contratara. Desta forma, o instituto que visa tutelar a parte fiel acabaria, também e afinal, por prejudicá-la. Semelhante solução não é admissível nem estaria em harmonia com a *ratio* da resolução legal ou com os princípios gerais do sistema.
- *não querendo abdicar da relação como um todo, optar por não resolver o contrato,* ficando desprovida de tutela com o consequente benefício para o infrator. Apesar de a conduta deste pôr em causa a relação de confiança existente, nada sucederia (sem prejuízo do pedido indemnizatório) e o mesmo continuaria a beneficiar do acordo celebrado. Verificar-se-ia assim, a violação do princípio da boa fé (na modalidade do *tu quoque).*

Ora, o legislador não pretendeu deixar a parte fiel numa situação em que tenha de optar pela solução "menos má". Ao consagrar a resolução, conjugada com um pedido de indemnização, a lei teve em vista reconhecer uma *plena* tutela à parte fiel.

Se concluímos que a *ratio legis* não está a ser alcançada, impõe-se uma interpretação sinépica, que pondere as consequências do processo de aplicação[399]. Dela resulta que a resolução não esgota as consequências associadas ao incumprimento grave do contrato.

O pedido de modificação assenta, tal como a resolução, na demonstração do incumprimento e de que este atinge a confiança da contraparte. Também aqui, cada inadimplemento, longe de dever ser tomado e valorado isoladamente, deve adotar como referência a relação contratual complexa, impondo-se averiguar se, pela sua natureza e pelas circunstâncias de que se rodeou, é de molde a fazer desaparecer a confiança do credor no exato e fiel cumprimento das prestações subsequentes. O inadimplemento tem, nesse caso, valor sintomático nos termos apontados. Toda a conduta que afete gravemente a relação de confiança

[399] MENEZES CORDEIRO, *Tratado de direito civil,* I, 4ª ed., Coimbra, 2012, 727.

põe em perigo o próprio fim do contrato e abala o fundamento deste. Este valor sintomático para o credor torna insuportável ou inexigível, para a parte fiel, a continuação da relação contratual, nos termos anteriores. Simplesmente, nos casos aqui considerados, a única solução para tutelar o contraente fiel será a modificação do contrato de forma a que não se apliquem as cláusulas que não se harmonizem com a quebra de confiança verificada. Acresce que a solução é sem dúvida preferível, por confronto com a resolução total:

(i) está prevista no artigo 802º para a impossibilidade parcial;

(ii) o princípio do aproveitamento do negócio jurídico depõe a favor da manutenção em vigor do acordo, ainda que com alterações;

(iii) se a parte fiel podia pedir a resolução do contrato – solução absolutamente drástica –, é razoável admitir a desaplicação das cláusulas que se revelem insustentáveis face ao caso concreto;

(iv) a resolução configura-se como instituto jurídico de *ultima ratio,* o que se torna visível, em geral, na restritividade dos seus pressupostos, em conformidade também com o respetivo enquadramento histórico; em algumas áreas tal torna-se especialmente claro, como sucede quando se considera os meios de tutela que devem ser adotados antes de o contraente fiel poder resolver o contrato, *v.g.*, em caso de compra e venda de coisas defeituosas[400].

(v) o regime da alteração das circunstâncias coloca em alternatividade perfeita a resolução e a modificação do contrato, segundo juízos de equidade, desde que preenchidos determinados requisitos. Aqui se demonstra que a modificação contratual é uma figura pacificamente aceite.

Em certos casos, resta, portanto, modificar o acordo, desaplicando as cláusulas cujo cumprimento se torna inexigível à parte fiel nas circunstâncias concretas: em tais hipóteses, não poderá considerar-se *razoável* que esta se mantenha vinculada a determinadas cláusulas, uma vez que estas precisamente assentavam na relação de confiança estabelecida com a parte incumpridora.

[400] Cf., para efeitos de síntese, ROMANO MARTINEZ, *Da cessação* cit., 147. Cf. TEIXEIRA DE SOUSA, *O cumprimento defeituoso e a venda de coisas defeituosas,* em *Ab uno ad Omnes, 75 anos da Coimbra Editora,* Coimbra, 1998, 571 e 572: "enquanto o cumprimento defeituoso pressupõe que a coisa prestada é diferente da acordada, a venda de coisas defeituosas baseia-se em que a coisa negociada e prestada não tem as características próprias ou asseguradas".

Assim, conclui-se que a única solução capaz de compatibilizar os interesses em jogo será a desaplicação das cláusulas do contrato cuja observância deixou de ser exigível por força da quebra da confiança resultante do comportamento do sujeito inadimplente. Tal desaplicação pode ser formalmente apresentada como uma modificação do acordo.

6.2. Excurso. Dever de renegociação do contrato

Quando ocorra uma perturbação no equilíbrio negocial, também se discute se existe um dever de renegociar o contrato. Certamente que este dever de renegociar não substitui a eventual aplicação do instituto da alteração das circunstâncias, nos termos do artigo 437º do Código Civil. Dispõe esta norma que a parte lesada tem direito à resolução do contrato, ou à modificação dele segundo juízos de equidade, desde que a exigência das obrigações por ela assumidas afete gravemente os princípios da boa fé e não esteja coberta pelos riscos próprios do contrato (nº 1). Em conformidade com o nº 2, requerida a resolução, a parte contrária pode opor-se ao pedido, declarando aceitar a modificação do contrato nos termos do número anterior.

O facto de estar legalmente consagrada a resolução ou modificação do contrato (de acordo com juízos de equidade) não inviabiliza que se retire do princípio da boa fé, em diversas circunstâncias, um dever de procurar essa readequação por via extrajudicial, através de uma negociação *inter partes,* que aliás é mais facilmente passível de conduzir a resultados frutuosos. Ou, mais simplesmente, que se afirme um dever de corresponder às comunicações da parte prejudicada (em termos substantivos e não meramente formais) no sentido de procurar adaptar o contrato às novas circunstâncias que perturbam o seu equilíbrio e que, no limite, tornam até inexigível o seu cumprimento nos termos iniciais.

A readequação a ser feita pelo juiz tem, naturalmente, características diferentes daquela que poderá ser levada a cabo pelas partes, sendo, no fundo, um sucedâneo desta. Na hipótese de "revisão judicial do contrato", já se entendeu que "o juiz não *substitui a vontade das partes,* mas *integra e participa* do negócio jurídico [integra a relação jurídica material controvertida], proferindo sentença determinativa [...], isto é, integrativa do negócio jurídico, na qual ele pode rever e modificar cláusulas contratuais [função criadora (*Richterrecht*)], a fim de restabelecer o equilíbrio económico-jurídico global do contrato, conforme originalmente pactuado entre as partes-contratantes [restabelecendo a base objetiva do negócio jurídico]"[401].

O facto de estar legalmente consagrada esta possibilidade de intervenção judicial – precisamente por ser uma modificação imposta de fora, ainda que com recurso aos critérios apontados – não prejudica, pois, a preferência por uma tentativa de readequação pelas próprias partes, quer em termos pré-configurados em cláusula contratual ou decorrentes dos deveres acessórios de boa fé na vigência das relações negociais, em conformidade com o disposto no artigo 762º do Código Civil.

No ordenamento jurídico brasileiro, por exemplo, admite-se um dever de renegociação paralelo à revisão judicial do contrato. Neste, além de o artigo 478 do Código Civil prever expressamente a resolução em caso de alteração do equilíbrio negocial, a doutrina aceita, como alternativa, o pedido de revisão judicial do contrato pela parte prejudicada (já que o artigo 479 literalmente apenas ao contraente favorecido atribui a possibilidade de oferecer novas condições contratuais); já a renegociação de contratos desequilibrados não está prevista. Porém, a doutrina tem sustentado um dever de renegociação, evitando forçar "o contratante prejudicado a recorrer ao Poder Judiciário, com a geração de custos desnecessários para todos os envolvidos"[402]: "o reconhecimento do dever de renegociar encontra fundamento normativo na cláusula geral de boa-fé objetiva, mais especificamente no art. 422 do CC. A partir do momento em que os contratantes são chamados a abandonar posturas de imobilismo para cooperar, de modo leal e transparente, em prol da realização do fim contratual deixa de ser aceitável à luz da ordem jurídica que o contratante que recebe uma proposta de renegociação do contrato, em virtude de desequilíbrio prestacional, simplesmente silencie, deixando o contraente prejudicado em situação de insegurança que se prolonga na exata medida em que se agrava o seu prejuízo"[403].

[401] THIAGO RODOVALHO, *O dever de renegociar no ordenamento jurídico brasileiro,* RJLB ano 1 (2015), nº 6, 1597-1638 (1637).

[402] Cf. ANDERSON SCHREIBER, *Existe um dever de renegociar? Reflexões iniciais sobre as consequências do desequilíbrio contratual,* Revista do Advogado, ano XXXVI, nº 131, out. 2016, 21-41 (25 ss.).

[403] ANDERSON SCHREIBER, *Existe um dever* cit., 29.

Também entre nós, existindo um dever de boa fé na execução do contrato, deve entender-se que o artigo 762º/2 impede um comportamento passivo perante a tentativa da contraparte de adaptar o contrato a circunstâncias modificadas, obrigando à efetiva renegociação do contrato. Apenas no caso de esta não vir a ser bem-sucedida é que se imporá o recurso à via jurisdicional[404]. Na Alemanha, a intervenção judicial está prevista no § 313 BGB mas tem-se reconhecido expressamente, por vezes, um dever de renegociação por parte do contratante favorecido por uma perturbação da base do negócio[405]. Em termos paradigmáticos, NELLE[406], estudando a jurisprudência alemã em matéria de adaptação de contratos em diversos domínios, concluiu que esta já envolvia implicitamente obrigações de renegociação, propondo uma abordagem sistemática do problema. O pressuposto é que as obrigações de renegociação são uma ferramenta importante no ajustamento subsequente dos contratos e que vigora um sistema móvel que estabelece obrigações de renegociação através da interação de diferentes elementos, os quais conduzem a deveres mais ou menos intensos para uma parte ou outra. O sistema móvel serve, assim, para concretizar regulações legais e contratuais de adaptação. Este dever de renegociação já foi qualificado como "uma inovação jurídica extremamente interessante", ainda que se sublinhe também os riscos de uma "exploração oportunística da renegociação para uma violação oculta do contrato"[407]. Um dever de renego-

[404] Sobre o problema, cf., *v.g.*, MENEZES CORDEIRO, *O princípio da boa-fé e o dever de renegociação em contextos de "situação económica difícil"*, em CATARINA SERRA (org.), *II Congresso de direito da insolvência*, Coimbra, 2014, 11-68 (67), onde se lê que, "ao abrigo da boa-fé, as partes devem efetivamente negociar, procurando soluções. Não há elementos para construir um dever de contratar [....]. Mas funcionam deveres de lealdade, que fixam obrigações de disponibilidade, de atenção e de resposta, perante sugestões que sejam feitas. Ainda a boa-fé leva a que, independentemente dos estritos enquadramentos, as partes devam manter-se informadas, perante situações de dificuldade, iniciando contactos e, até, negociações. As sanções são fracas. No limite, pode intervir o abuso do direito".

[405] Em Itália, o artigo 1467 (3) do *Codice Civile* admite que, perante o pedido de resolução fundado em onerosidade excessiva, o outro contraente possa oferecer-se para modificar as condições do contrato em termos equitativos. Ou seja, a modificação ocorre extrajudicialmente.

[406] ANDREAS NELLE, *Neuverhandlunfspflichten*, München, 1993, 334.

[407] HORST EIDENMÜLLER, *Neuverhandlungspflichten bei Wegfall der Geschäftsgrundlage* ZIP 13/1995, 1063-1071 (1071).

ciar emerge dependendo da "necessidade" da negociação e da sua "razoabilidade"[408].

As consequências da preterição de uma obrigação de renegociar são indemnizatórias: se, por exemplo, houver um agravamento dos danos para o contraente fiel, que de outra forma poderia ter sido evitado, poderá haver responsabilidade civil, ainda que a demonstração dos pressupostos da obrigação de indemnizar tenha particularidades, nomeadamente ao nível do nexo de imputação (impondo que se individualizem os prejuízos efetivamente imputáveis à recusa de negociação, com a contingência de o dever de renegociação só vigorar, como veremos, como obrigação de meios).

São as mesmas preocupações de evitar os custos da intervenção judicial que, muitas vezes, levam a que sejam incluídas nos contratos estipulações tendentes a promover a renegociação pelas partes. Nestas cláusulas de renegociação, os contraentes acordam as circunstâncias em que irão dar início a negociações para alterar e readequar o conteúdo do contrato, regulando igualmente o procedimento de renegociação, os termos em que se dará a comunicação entre as partes, prazos, etc.[409]. São possíveis configurações muito diversas, por exemplo remetendo genericamente para a renegociação segundo critérios de boa fé ou definindo regras mais específicas[410]. A tipologia das cláusulas contratuais de renegociação é muito variada. As cláusulas de *hardship*, que mencionamos adiante, por exemplo, podem funcionar como verdadeiras e próprias cláusulas de irresolubilidade, na medida em que impõem o desenvolvimento diligente de tentativas de renegociação como condição necessária para extinguir a relação[411]. Estas cláusulas de renegociação não se confundem com as cláusulas de adequação automática do contrato nem com as cláusulas de revisão, em que são predeterminados os critérios de modificação.

[408] EIDENMÜLLER, *Neuverhandlungspflichten* cit., 1068.

[409] Discutindo-se neste caso se existe um verdadeiro dever de contratar, ou seja, uma obrigação de resultado quanto ao reequilíbrio das prestações. Cf. MARIA PIA PIGNALOSA, *Clausole di rinegoziazione e gestioni delle sopravvenienze, La nuova giurisprudenza civile commentata (2015) 31, Fasc. 7/8*, 411-437 (420). O problema passará sempre pela interpretação do contrato.

[410] Cf. PIGNALOSA, *Clausole* cit., 414.

[411] ASSIM, ALBERTO VENTURELLI, *Clausola di* "hardship", em MASSIMO CONFORTINI, *Clausole negoziali. Profili teorici e applicativi di clausole tipiche e atipiche*, Vicenza, 2017, 1035-1053 (1052).

A sua aplicação não afasta a existência potencial de um dever de renegociação decorrente do princípio da boa fé[412]: "é justamente como *expressão* dessa '*eficácia integrativa da boa fé*' que surge o *dever de renegociação contratual,* consubstanciando-se a *readequação do contrato* [...] em verdadeiro '*princípio geral dos contratos de execução diferida* ou *de longa duração,* extraído do ordenamento jurídico, tendo-se como *fonte primeira* do dever de renegociação contratual a '*boa fé*', daí falar-se em '*obrigação de renegociar*'"[413]. O dever de renegociação contratual é, de facto, apenas uma expressão e regulamentação de um dever *ex bona fide*[414].

Em vários documentos de *soft law* ele tem consagração expressa: nos Princípios Unidroit (artigo 6.2.3.1), determina-se que, em caso de *hardship,* a parte em desvantagem tem direito de solicitar a renegociação, o qual deve ser exercido sem atrasos indevidos e deverá indicar os fundamentos em que se baseia; também o *Draft Common Frame of Reference* prevê, na secção III, 1:1110, que o contrato pode ser resolvido ou revisto em juízo, desde que o devedor tenha tentado, razoavelmente e de boa fé, alcançar, por negociação, um ajustamento razoável e equitativo dos termos que regulam a obrigação. Há, em ambos os textos, uma clara preferência por soluções negociais.

Naturalmente não existe uma obrigatoriedade de êxito da renegociação mas apenas uma obrigação de empregar, para tanto, um esforço sério e efetivo[415]. Ou seja, está em causa, como dito, uma obrigação de meios e não de resultado. Bem pode, por isso, afirmar-se que "o dever de renegociar é, essencialmente, um dever de comunicação sobre um fato significativo na vida do contrato: a alteração excessiva do equilíbrio contratual"[416]. A boa fé proíbe "a inércia diante de uma proposta de renegociação apresentada pelo contratante que alega sofrer excessiva onerosidade diante de fato superveniente, extraordinário e imprevisível"[417].

[412] Cf., com referência, THIAGO RODOVALHO, *O dever de renegociar* cit., 1628 e 1629.

[413] THIAGO RODOVALHO, *O dever de renegociar* cit., 1629.

[414] Cf., na doutrina norte-americana, *v.g.*, HOWARD HUNTER, *Commentary on the renegotiation of contracts* (1998). Journal of Contract Law 13, (3), 205-209. Research Collection School of Law, disponível http://ink.library.smu.edu.sg/sol_research/164.

[415] Cf. THIAGO RODOVALHO, *O dever de renegociar* cit., 1631.

[416] ANDERSON SCHREIBER, *Existe um dever* cit., 29.

[417] ANDERSON SCHREIBER, *Existe um dever* cit., 29.

A obrigação de renegociação extrajudicial decorrente do princípio da boa fé – prévia a uma intervenção judicial – favorece o aproveitamento dos negócios e restringe a necessidade de recurso ao tribunal, quando bem-sucedida.

De certo que, em muitos casos, a intervenção do juiz é inevitável: não é possível obstar a que, em determinado momento, se torne necessária a "intrusão" do juiz para restabelecer a proporcionalidade, adequação e equilíbrio das prestações (com recurso ao critério jurídico da equidade)[418].

6.3. Resolução parcial ou relativa nos negócios jurídicos conjuntos e multilaterais

Problema diferente é o da redução parcial ou relativa nos negócios jurídicos em que existem mais do que duas partes (negócios multilaterais) ou mais do que uma pessoa integrante de uma mesma parte (negócios conjuntos). Quando existe uma multiplicidade de partes, identificam-se "várias declarações, várias pessoas e vários interesses"[419] e os efeitos do negócio diferenciam as pessoas que integram o negócio; já no negócio conjunto, várias pessoas encontram-se interligadas de modo a constituir uma única parte e os efeitos do negócio são indiferenciados ou comuns a elas: "várias pessoas são titulares de posições jurídicas que só podem ser atuadas em bloco, por todas elas"[420].

Em ambos os casos, o tema da resolução nos negócios com complexidade subjetiva não tem sido, em geral, abordado entre nós. O problema foi, porém, especificamente considerado por VAZ SERRA[421], colocando com precisão a questão: "havendo vários credores e não sendo cumprido o contrato, pode perguntar-se se só um deles pode resolver o contrato ou se o direito de resolução pode ser exercido por todos. Havendo vários devedores, pode perguntar-se se, não sendo cumprido o contrato, pode o credor resolvê-lo em relação apenas a um dos devedores ou se somente o pode resolver em relação a todos os devedores. Havendo, ao

[418] FRANCESCO MACARIO, *Rischio contrattuale e rapporti di durata nel nuovo diritto dei contratti: dalla pressuppozione all'obbligo di rinegoziare,* Rivista Di Diritto Civile, jan-fev. 2002, 63-95 (89).

[419] *Tratado* II cit., 91.

[420] *Tratado* II cit., 91.

[421] *Resolução do contrato,* BMJ nº 68 (1957), 153-289 (236 ss.).

mesmo tempo, vários credores e vários devedores, pode perguntar-se se, dada a falta de cumprimento do contrato, pode um dos credores resolvê-lo contra um dos devedores ou se simplesmente todos os credores o podem resolver contra todos os devedores". O Autor, sensível às dificuldades evidentes[422], revela abertura à resolução parcial nos casos em que o contrato seja divisível.

Para uma tomada de posição, e em coerência com o que vimos atrás, recorde-se que, na área contratual, domina o princípio do *favor negotii*, que deve valer nos casos de perturbação da prestação e não apenas no campo das invalidades negociais (onde encontra reflexo no direito positivo, ao nível do regime da redução e conversão do negócio jurídico: artigos 292º e 293º). Por outro lado, também aqui se deve afirmar "a importância do papel da boa-fé, para assegurar o predomínio da solução mais justa"[423].

A matéria encontra assento no Código Civil italiano, cujo artigo 1459 dispõe que, nos contratos referidos no artigo 1420 (1) (i.e., os contratos plurilaterais), o incumprimento de uma das partes não importa a resolução do contrato em relação à outra, exceto se a falta dever, segundo as circunstâncias, ser considerada essencial. Trata-se de adaptação a este domínio da regra do artigo 1420 sobre a nulidade nos contratos plurilaterais, em que também se estabelece que a nulidade que atinja apenas o vínculo de uma das partes não afeta o resto do contrato, exceto quando devia ser considerada essencial.

A solução é a única consentânea com o nosso sistema. Quando o contrato tenha múltiplas partes e o incumprimento respeite apenas a um contraente, a resolução poderá ser parcial ou relativa, mantendo-se o acordo em vigor quanto aos outros contraentes. Certamente que haverá que confirmar se, no caso concreto, a resolução em relação a uma das partes (que funciona como forma de "exclusão" desta do contrato que perdura) não inviabiliza a manutenção do contrato quanto às demais.

[422] Até porque "a solução de exigir o concurso de todos pode ser dura para os que pretendam resolver o contrato; a solução oposta pode ser dura para os outros" (Vaz Serra, *Resolução* cit. 239, nota 150).

[423] *Tratado* II cit., 953. O Autor sustenta, com base nestes dois princípios, a aplicação das regras da redução aos contratos coligados, em que apesar de os contratos serem formalmente distintos, se encontram genética ou funcionalmente unidos. Apesar da diferença de situações, não deixa de se poder fazer apelo, como ponto de partida, aos mesmos princípios gerais.

Nada obsta, porém, ao princípio geral de que, num contrato multilateral, a resolução possa ter lugar em relação a uma das partes, permanecendo o contrato em vigor quanto às demais. Resta saber os termos em que a mesma pode operar, não havendo, aqui, necessariamente uma solução uniforme.

Se o incumprimento tiver reflexos apenas na esfera jurídica de uma das partes, bastará, por princípio, uma declaração desta (sem envolver as demais), porque apenas na sua esfera jurídica se constitui o direito de resolução; porém, tipicamente, a resolução dirigida a um dos contraentes é suscetível de afetar o equilíbrio global do negócio, caso em que se exigirá uma declaração de todos. O mesmo sucede quando os efeitos do incumprimento extravasam a esfera jurídica de um só contraente. Se, direta ou indiretamente, o incumprimento tiver reflexo nos diversos contraentes, haverá que exigir uma declaração de todos eles. Apesar da diversidade potencial de interesses, são todas atingidas e de todas haverá que exigir a declaração resolutiva.

Porém, precisamente porque não existe coincidência de interesses entre as partes, também o impacto do incumprimento em cada uma delas não é necessariamente coincidente, razão pela qual é plausível pretender uma parte exercer o direito de desvinculação mas não a outra ou outras. Neste caso, a única solução consentânea com o princípio da boa fé – e que tem, além disso, paralelo por exemplo no artigo 9º/1, *b)*, do Decreto-Lei nº 231/81, de 28 de julho (que estabelece o regime jurídico dos contratos de consórcio e de associação em participação) – consiste em permitir a desvinculação por parte do contraente afetado (sob a forma de "exoneração") quando os demais não pretendam a resolução dirigida contra o inadimplente: é, na verdade, inexigível manter vinculada ao negócio a parte fiel que vê a realização contratual do seu interesse inviabilizada; porém, não sendo possível excluir o inadimplente atentas as repercussões na posição das restantes partes, a solução, à luz do sistema, só poderá ser a desvinculação da própria contraparte fiel cujos interesses deixaram de poder ser satisfeitos através do contrato (sem prejuízo, evidentemente, do seu direito indemnizatório). Certo é que nos contratos de organização – como o consórcio – se torna mais evidente a necessidade de tutelar as partes contratantes sem prejudicar a consecução do fim contratual como um todo, mas a preocupação deve ser estendida à generalidade dos contratos multilaterais, em nome, como dito, dos princípios da conservação do negócio jurídico e da boa fé.

Nos contratos conjuntos a solução deve ser ponderada autonomamente, uma vez que, nestes, por definição, existe apenas uma declaração e um interesse: não havendo diferenciação dos efeitos negociais, não é pensável que, perante o incumprimento, um dos sujeitos que integram a parte complexa resolva o contrato mas não os outros, atendendo à unidade da parte, do interesse que esta representa e da declaração a emitir: na verdade, mesmo em termos técnicos, não é possível a separação. Neste caso, por regra, não se justifica a desvinculação do contraente fiel quando os demais recusem a resolução, pois o Direito não protege eventuais diferenças de valoração meramente subjetivas dos contraentes. A unidade dos efeitos, aceite à partida, opõe-se à solução. Ainda assim, não pode excluir-se possíveis situações de inexigibilidade a verificar no caso concreto: o juízo, com base no princípio da boa fé, será especialmente exigente atenta a natureza do próprio contrato mas, verificando-se os requisitos de que depende o reconhecimento de um direito de desvinculação unilateral, o mesmo deverá excecionalmente, à luz do sistema, ser concedido.

6.4. A exclusão e exoneração no direito societário como formas de resolução relativa

Interessante é fazer aqui o paralelo com os institutos próprios do direito societário da exoneração e exclusão, que são afinal aplicação dos princípios atrás delineados e derivação do instituto da resolução, apesar das particularidades resultantes de o contrato de sociedade poder fundar um ente jurídico novo (como sucede nas sociedades comerciais e frequentemente nas sociedades civis). Não obstante as especificidades resultantes desta nova estrutura jurídica que (sobretudo nas sociedades comerciais) leva a esquecer a natureza contratual da figura, corrobora-se, afinal, o caráter universal da ideia de inexigibilidade de manutenção da relação obrigacional em caso de incumprimento grave.

Lembre-se, na verdade, que, havendo incumprimento por um dos sócios, torna-se possível a sua exclusão, verificados determinados pressupostos. Embora constitua solução de *ultima ratio*, sempre que a violação dos deveres por um sócio seja de tal ordem grave que torne inexigível, para a sociedade e demais sócios, a manutenção do mesmo, haverá que concluir pela possibilidade de este ser afastado. O instituto encontra consagração expressa nas sociedades civis, nas sociedades em nome coletivo e nas sociedades por quotas, dependendo, nestas últimas, de decisão do tribunal (artigos 1003º a 1006º do Código Civil e artigos 186º, 241º e 242º do Código das Sociedades Comerciais).

Apesar de só o artigo 242º do Código das Sociedades Comerciais fazer referência ao "comportamento desleal" do sócio, o princípio da boa fé constitui a base do instituto. É certo que, historicamente, o direito de exclusão de sócios radicava na ideia de utilidade da empresa social e no imperativo de proteger as sociedades comerciais e os centros de atividade económica por elas erigidos de todas as causas que pudessem afetar a continuidade e normalidade do seu funcionamento[424]. Na evolução posterior, a ideia terá permanecido, despida embora das vestes institucionais em que, por vezes, foi envolvida. Compreensivelmente: a exclusão justifica-se, ainda e sempre, pela necessidade de preservação da sociedade em face de comportamentos lesivos do sócio. É a inexigibilidade de manutenção do sócio na sociedade que serve de fundamento à sua exclusão, mediante o pagamento de uma contrapartida, sem a qual apresentaria feição confiscatória e seria, por isso, ilegítima[425].

Se na generalidade dos tipos sociais a possibilidade de exclusão do sócio não oferece dúvidas, já nas sociedades anónimas, a falta de previsão legal do instituto vem colocar especiais dificuldades[426]. Quando muito, este poderia aplicar-se nas sociedades de estrutura personalística, sempre que dominasse, portanto, *o intuitus personae*, por analogia

[424] A. J. Avelãs Nunes, *O direito de exclusão de sócios nas sociedades comerciais* (reimpr. da ed. de 1968), Coimbra, 2002, 47 ss., escrevendo que "a ordem jurídica deve, portanto, facilitar o afastamento daquele sócio cuja presença é elemento pernicioso para o seu normal funcionamento e para a prosperidade da sua empresa. A contradição que possa existir entre o interesse do sócio a excluir e a sociedade que quer continuar deve resolver-se favoravelmente ao desenvolvimento das forças produtivas e não de forma que conduza à destruição do seu valor económico".

[425] Isto sem prejuízo da eventual indemnização a que a sociedade e os sócios tenham direito, em virtude da violação dos deveres pelo sócio excluído.

[426] Admitindo, em determinados casos, a exclusão nas sociedades anónimas, cf. Menezes Leitão, *Pressupostos da exclusão de sócio nas sociedades comerciais*, Lisboa, 1989, 92 ss.

com o artigo 242º/1[427]-[428]. Porém, se a contrapartida estiver assegurada e se existir justa causa, *i.e.*, se objetivamente for inexigível a manutenção do sócio na sociedade, não se vê que possa reclamar-se que os demais acionistas suportem a respetiva presença, apesar da grave violação dos respetivos deveres, capaz, porventura, de afetar a continuidade da sociedade. O formal apelo à natureza de sociedade anónima para afastar a possibilidade de exclusão constituiria petição de princípio e representaria inequívoco e acentuado corte com os princípios gerais do direito. A suposta indestrutibilidade da participação acionista termina, pois, ali onde o sistema, sintetizado pela boa fé, o imponha.

Pode é dizer-se que serão muito menos frequentes as hipóteses de inexigibilidade de manutenção do acionista nas sociedades anónimas, atento o predomínio do fator capitalístico neste tipo social, a facilidade de saída da sociedade e o caráter de *ultima ratio* do instituto, que aqui se assume com particular intensidade. Assim se reduz, significativamente, o campo de aplicação da exclusão. Mas não é legítimo considerar que todas as perturbações provocadas por acionistas podem ser juridicamente contidas através de instrumentos alternativos à exclusão[429], tornando-a desnecessária. Da mesma maneira, não parece que possa, sem mais, restringir-se a exclusão às sociedades anónimas de tipo familiar ou estruturadas de forma personalística: embora seja nestas que, com maior probabilidade, se tornará inexigível a manutenção do *status socii*, não deve rejeitar-se a ocorrência de situações equiparáveis nas sociedades de capitais típicas. Solução diferente tornaria letra morta o princípio da boa fé e as exigências centrais do sistema.

Sendo o princípio da boa fé o fundamento do instituto, resta concluir, então, que a falta de base legal para a exclusão nas sociedades anónimas não permite afastar a sua vigência. Necessário é sempre, em consequência, uma decisão judicial.

[427] Cf. Carolina Cunha, *A exclusão de sócios (em particular nas sociedades por quotas)*, em *Problemas do direito das sociedades* cit., 210-233 (231-233).

[428] Mas mesmo esta hipótese não seria praticável. Cf. Menezes Cordeiro, *Manual de direito das sociedades* II, Coimbra, 2007, 712, que entende que pertence, em qualquer caso, à essência do tipo sociedade anónima a indestrutibilidade da participação acionista, salvo o expressa e legalmente previsto. Mais, não poderia haver "confiscos punitivos" e "transmutações coercivas", sem adequado suporte legal e constitucional.

[429] Nesse sentido, todavia, cf. Menezes Cordeiro, *Manual de direito das sociedades* II cit., 712.

Se a sociedade deliberar não excluir o sócio inadimplente ou promover a sua exclusão judicial, restará ao sócio discordante, que não pretenda tolerar o incumprimento grave, sair ele próprio da sociedade, ao abrigo do artigo 240º/1, *b)*, do Código das Sociedades Comerciais (aplicável às sociedades por quotas). Nas sociedades anónimas, a exoneração não está prevista mas também já se tem defendido – ao arrepio das visões tradicionais[430] – a possibilidade de exoneração mesmo nas sociedades anónimas, com fundamento na ideia de *inexigibilidade*, seja ela ou não expressamente utilizada[431].

Assim se exprime a unidade do lugar e papel do instituto, não obstante a interpretação diferenciada de que o contrato de sociedade é objeto e a estrutura personalizada a que dá origem[432]-[433].

[430] Cf., *v.g.*, Menezes Cordeiro, *Manual de direito das sociedades* II cit., 711.

[431] Cf. Pais de Vasconcelos, *Concertação de acionistas, exoneração e OPA obrigatória em sociedades abertas*, DSR março 2010, ano 2, vol. 3, 11-48 (13 ss.), fazendo apelo também à liberdade constitucional de associação na sua vertente negativa; Ana Perestrelo de Oliveira, *Grupos de sociedades e deveres de lealdade*, Coimbra, 2012, 433 ss. Aderimos a essa visão, afastando-nos das conceções organizacionais. Cf., por último, João Espírito Santo Noronha, *Exoneração do sócio no direito societário-mercantil português*, Coimbra, 2014, tratando da exoneração como meio de tutela de caráter organizativo.

[432] Cf., por todos, com mais referências, Menezes Cordeiro, *Direito das sociedades*, vol. I, 3ª ed., Coimbra, 2011, 494 ss.

[433] Diferentes são as situações em que o contrato em si se modifica de maneira tal que, independentemente de qualquer incumprimento, se justifica *ex bona fide* a desvinculação unilateral, mantendo-se o contrato quanto aos demais. Admite-se, na verdade, que o sócio possa desvincular-se da sociedade em caso de alteração importante do contrato ou do seu contexto situacional ou contexto de aplicação (A. Castanheira Neves, *O actual problema metodológico da interpretação jurídica – I*, Coimbra, 2003, 21), através dos mecanismos próprios do direito societário. Neste caso, pensamos essencialmente nas situações em que a sociedade se modifica de tal maneira que já não é a mesma que o sócio constituiu ou para a qual entrou, porque, por exemplo, ocorreu uma alteração essencial do contrato ou alguma mudança do controlo, entre outros fatores. Não ignoramos que as formas de entrada na sociedade podem ser de tipo variado, não se confundindo com a normal celebração de um contrato, da mesma maneira que são diferentes os mecanismos de saída, mas é ainda a mesma ideia que temos vindo a desenvolver que está aqui presente, *mutatis mutandis*. Saber em que medida é inexigível ao sócio permanecer na sociedade é, em última análise, um problema interpretativo, apenas com as especificidades ditadas pelo direito das sociedades, o que corrobora a possibilidade de saída sem base legal expressa. Está em causa, apenas, a aplicação adaptada dos princípios gerais que desenvolvemos.

JURISPRUDÊNCIA CITADA*

Tribunal da Relação de Coimbra (RCb)

RCb 18-jul.-2006 (Arcanjo Rodrigues), Proc. 522/06, CJ nº 191, Tomo III/2006: natureza da resolução

RCb 06-nov.-2007 (Arcanjo Rodrigues), Proc. 1687/04, CJ nº 202, Tomo V/2007: incumprimento definitivo; relação de liquidação

RCb 02-mar.-2011 (Barateiro Martins), Proc. 357/09.8TBCBR-C1, CJ nº 229, Tomo II/2011: cláusula resolutiva genérica; simultaneidade da declaração admonitória e da declaração resolutiva

RCb 06-dez.-2011 (Henrique Antunes), Proc. 321/2002.C1: declaração antecipada de não cumprimento

RCb 21-jan.-2014 (Ferreira Lopes), Proc. 1976/10.5TBMGR.C1: retroatividade da resolução

RCb 23-set.-2014, (Barateiro Martins), Proc. 1952/08.8TBFIG.C1, CJ nº 257, Tomo IV/2014: características da declaração resolutiva

RCb 24-abr.-2018 (Jorge Arcanjo), Proc. 994/15.1T8LRA.C1, CJ nº 285, Tomo II/2018: prazo essencial

Tribunal da Relação de Guimarães (RGuim)

RGuim 06-fev.-2014 (Raquel Rego), Proc. 4012.06.2TBBRG.G1: resolução infundada; prazo essencial

* Todos os acórdãos citados sem indicação de fonte podem ser consultados na base de dados www.dgsi.pt. Os restantes estão disponíveis na Colectânea de Jurisprudência (CJ).

Tribunal da Relação de Lisboa (RLx)

RLx 11-jul.-2002 (Tomé Gomes), Proc. 12296/01, CJ Tomo IV/2002: resolução; quebra da confiança

RLx 08-jun.-2004 (Abrantes Geraldes), Proc. 4390-04, CJ nº 175, Tomo III/2004: gravidade do incumprimento

RLx 23-fev.-2006 (Salazar Casanova), Proc.10182/2006-8: cláusula resolutiva expressa

RLx 03-set.-2006 (Granja da Fonseca), Proc. 1852/2006-6: cláusula resolutiva expressa

RLx 16-out.-2007 (Roque Nogueira), Proc. 6762/07, CJ nº 201, Tomo IV/2007: resolução convencional

RLx 20-jan.-2009 (Anabela Calafate), Proc. 9791/2008-1: incumprimento parcial; direito de resolução

RLx 28-out.-2010 (Carla Mendes) Proc. 3121/07.5TJLSB.L1-8: cláusula resolutiva

RLx 28-abr.-2011 (Fátima Galante), Proc. 4720/04.2TBOER.L1-6: incumprimento grave; inexigibilidade

RLx 09-jun.-2016 (Ezagüy Martins), Proc. 5450/14.2T2SNT.L1.-2: interpelação admonitória

RLx 15-dez.-2016 (Maria Teresa Albuquerque), Proc. 503/15.2T8LSB.L1, CJ nº 274, Tomo V/2016: resolução infundada; denúncia

Tribunal da Relação do Porto (RPt)

RPt 07-nov.-2002 (Xavier Silvano), Proc.1339/02, CJ Tomo V/2002: prestações secundárias; resolução

RPt 20-abr.-2006 (Amaral Ferreira), Proc. 0630190: direito de resolução e incumprimento grave ou reiterado; exclusão da resolução em caso de incumprimento insignificante ou de escassa importância; ponderação objetiva do interesse

RPt 21-fev.-2008 (José Ferraz), Proc. 0734164: incumprimento; perda de interesse

RPt 15-mar.-2010 (Caimoto Jácome), Proc. 4015/07: cláusula resolutiva; natureza do prazo

RPt 29-nov.-2010 (Maria Adelaide Domingos), Proc. 732.09.8TJPRT.P1, CJ nº 226, Tomo V/2010: perda do interesse

RPt 08-mai.-2012 (M. Pinto dos Santos), Proc. 1236.10.1YYPRT-A.P1, CJ nº 247, Tomo III/2012: declaração antecipada de não cumprimento

RPt 02-mai.-2013 (Pinto de Almeida), Proc. 1434/10.8TBGDM.P1: declaração antecipada de não cumprimento

RPt 28-abr.-2014 (Manuel Domingues Fernandes), Proc. 2134/11.7TBPVZ. P1: incumprimento definitivo; perda de interesse na prestação; interpelação admonitória

RPt 06-out.-2014 (Manuel Domingues Fernandes), Proc. 1392/05.0TBMCN.P1: deveres secundários e acessórios

Supremo Tribunal de Justiça (STJ)

STJ 23-out.-1997 (Miranda Gusmão), Proc. 97B422: forma da resolução

STJ 18-nov.-1999 (Noronha de Nascimento), Proc. 99B852: fundamentos da resolução

STJ 29-abr.-2003 (Lopes Pinto), Proc. 1035/03, CJ nº 168, Tomo II/2003: resolução em caso de incumprimento não culposo

STJ 18-dez.-2003 (Araújo Barros), Proc. 03B3697: perda de interesse; apreciação objetiva; ónus da prova

STJ 09-mai.-2006 (Urbano Aquiles Lopes Dias), Proc. 37/069, CJ nº 192, Tomo II/2006: Incumprimento dos deveres acessórios

STJ 24-mai.-2007 (Alves Velho), Proc. 07A988: forma da declaração de resolução

STJ 09-out. 2008 (Santos Bernardino), Proc. 1926/08: interpretação de cláusula contratual; cláusula resolutiva

STJ 21-mai.-2009 (Santos Bernardino), Proc. 09B0641: termo essencial

STJ 10-set.-2009 (Santos Bernardino), Proc. 170/09.2YFLSB: incumprimento definitivo; apreciação objetiva; comunicação ao devedor

STJ 12-nov.-2009 (Garcia Calejo), Proc. 678/2001.S1: perda do interesse.

STJ 22-jun.-2010 (Fonseca Ramos), Proc. 6134/05.8TBSTS.P1.S1: recusa categórica de cumprimento

STJ 19-mai.-2011 (João Bernardo), proc. 6814/06.0TBBRG.S1: interpelação admonitória; interpretação

STJ 07-jun.-2011 (Fernando Bento), Proc. 7005/06.6TBMAI.P1.S1: perda do interesse, apreciação objetiva.

STJ 28-jun.-2011 (Moreira Alves), Proc. 208/05.2TCFUN.L1.S1: resolução por incumprimento de obrigações acessórias; perda de interesse

STJ 28-jun.-2011 (Sebastião Póvoas), Proc. 7580/05.2TBVNG.P1.S1: conversão da mora em incumprimento definitivo

STJ 10-jan.-2012 (Martins de Sousa), Proc. 25/09TBVCT.G1.S1: resolução ilícita; declaração antecipada de não cumprimento

STJ 26-abr.-2012 (Granja da Fonseca) Proc. 743/2001.E1.S1: declaração antecipada de não cumprimento

STJ 26-jun.-2012 (Garcia Calejo) Proc. 2984/04.0TBCSC.L1.S1: incumprimento definitivo; perda de interesse; interpelação admonitória

STJ 16-jan.-2014 (Álvaro Rodrigues), Proc. 9242/06.4TBOER.L1.S1: justa causa; inexigibilidade

STJ 16-jan.-2014 (Abrantes Geraldes), Proc. 367/2001.E1.S1: prescrição do direito de resolução

STJ 17-nov.-2014 (Salvador da Costa), Proc. 05B1993: direito de resolução; *venire contra factum proprium*

STJ 13-jan.-2015 (Fonseca Ramos), Proc. 36/12.9TVLSB.L1: condição resolutiva; ónus da prova

STJ 15-jan.-2015 (Fernanda Isabel Pereira), Proc. 883/08.6TVPRT.P1.S1: interpretação do contrato e princípio boa fé, determinação do incumprimento

STJ 11-fev.-2015 (Gabriel Catarino), Proc. 2434/12.9T2AVR.C1.S1: interpelação admonitória; prazo razoável; controlo pela boa fé

STJ 20-mai.-2015 (Manuel Tomé Soares Gomes), Proc. 1311/11.5TVLSB.L1.S1, CJ 264, Tomo II/2015: incumprimento definitivo; princípio da boa fé

STJ 16-jun.-2016 (Pires da Rosa), Proc. 410/10.5TBABF.E1.S1: termo essencial

STJ 12-mai.-2016 (Maria da Graça Trigo), Proc. 2470/08.0TVLSB.L1.S1: resolução infundada; indemnização

STJ 19-mai.-2016 (Lopes do Rego), Proc. 924/14.8TVLSB.C1.S1: interpelação admonitória; ónus de alegação

STJ 04-out.-2016 (Nuno Cameira), Proc. 2679/13.4TBVCD.P1.S1: ónus da prova, perda do interesse

STJ 13-out.-2016 (Maria da Graça Trigo), Proc. 7185/12.1TBCSC.L1.S1: termo essencial; declaração antecipada de não cumprimento

STJ 12-jan.-2017 (Lopes do Rego), Proc. 40/13.0TBBBR.C1.S1: obrigações acessórias; interpretação do contrato e determinação do incumprimento.

STJ 02-nov.-2017 (Olindo Geraldes), Proc. 406/12.2TVLSB.L1.S1: perda do interesse; avaliação objetiva

STJ 16-nov.-2017 (Abrantes Geraldes), Proc. 768/08.6TBPVZ.P2.S: cláusula resolutiva

STJ 23-nov.-2017 (Maria do Rosário Morgado), Proc. 212/12.4TVLSB.L1.S1: termo essencial; declaração antecipada de não cumprimento

STJ 12-dez.-2017 (Maria Olinda Garcia) Proc. 441/16.1T8CSC.L1.S1: tolerância do contraente fiel; exigência de comunicação da intenção de resolver o contrato

STJ 17-mai.-2018 (Maria da Graça Trigo), Proc.: 567/11.8TVLSB.L1.S2: justa causa; inexigibilidade da subsistência do vínculo

STJ 22-mai.-2018 (José Rainho), Proc. 27800/15.4T8PRT.P1.S1: resolução infundada

STJ 27-nov.-2018 (Graça Amaral) Proc. 4724/10.6TBSTB.E1.S1): resolução por incumprimento de obrigações acessórias; interpelação admonitória; prazo razoável; ónus da prova dos fundamento da resolução.

BIBLIOGRAFIA

AIELLO, GIUSEPPE FRANCESCO – *La giurisprudenza e l'inadempimento di non scarsa importanza: criteri di valutazione e sfera d'incidenza dell'art. 1455 cod. civ.*, La Nuova Giurisprudenza Civile Commentata, a.28 n.11 (nov.--2012), Parte seconda, 731-745.

ALEXY, ROBERT – *The reasonableness of law*, em GIORGIO BONGIOVANNI *et alii.* (eds.), *Reasonableness and Law*, Heidelberg, London, New York, 2009, 5 ss.

ALMEIDA, CARLOS FERREIRA DE – *Recusa de cumprimento declarada antes do vencimento. Estudo de Direito comparado e de Direito português*, em *Estudos em memória do Professor Doutor João de Castro Mendes*, s/data, 289-317.

ANDRADE, MANUEL DE – *Fontes de direito, vigência, interpretação e aplicação da lei. Exposição de motivos*, BMJ, nº 102, jan.-1961, 141-152.

BERTINO, LORENZO – *Le clausole sulla non scarsa importanza dell'inadempimento*, Padova, 2016.

— *Rilevante gravità dell'inadempimento nella clausola risolutiva expressa*, Contrato e Impresa, a.28 n.1 (gennaio-febbraio 2012), 106-125.

BIANCHI, GIORGIO – *Rescissione e risoluzione dei contratti*, Milano, 2003.

BONGIOVANNI, GIORGIO *et alii* (eds.) – *Reasonableness and Law*, Heidelberg, London, New York, 2009, XI e ss.

BOTZENHARDT, BERTRAND – *Die Auslegung des Begriffs der wesentlichen Vertragsverletzung im UN-Kaufrecht*, Frankfurt am Main – Berlin – Bern – New York-Paris-Wien, 1998.

BOYER, GEORGE – *Recherches historiques sur la résolution des contrats*, Paris, 1924.

CANARIS, CLAUS-WILHELM – *Teleologie und Systematik der Rücktrittsrechte nach dem BGB*, em *Die richtige Ordnung. Festschrift für Jan Kropholler zum 70. Geburtstag*, Tübingen, 2008, 3-22.

— *L'inadempimento nel "Codice europeo dei contratti"*, Rivista di diritto civile, Padova, a.54 n.6 (Novembre-Dicembre 2008), Parte prima, 629-641.

CAPODANNO, MICHELE – *L'interpretazione del contratto*, Milano, 2006.

CARTER, J.W. – *Carter's breach of contract*, 2ª ed., Oxford – London – New York – New Delhi – Sydney, 2019.

CARVALHO, JOANA CAMPOS – *Fundamentos de resolução por incumprimento*, Themis XVI, n.os 28/29 (2015), 175-241.

CEDON, PAOLO – *Commentario al codice civile*, vol. 4, Turim, 1991.

CIAN, GIORGIO/TRABUCCHI, ALBERTO – *Commentario breve al codice civile*, Padova, 1980.

COLLURA, GIORGIO – *Importanza dell'inadempimento e teoria del contrato*, Milano, 1992.

CONSTANZA, MARIA – *Meritevolezza degli interessi ed equilíbrio contrattuale*, Contratto e Impresa, a.3 n.2 (1987), 423-435.

CORAPI, DIEGO – *L'equilibrio delle posizione contrattuali nei principi UNIDROIT*, Europa e diritto privato, n. 1 (2002), 23-40.

CORDEIRO, A. BARRETO MENEZES – *Direito inglês dos contratos*, vol. I, Lisboa, 2017.

— *A interpretação contratual anglo-saxónica*, O Direito 141º (2009), III, 665--678.

CORDEIRO, ANTÓNIO MENEZES – *Tratado de direito civil IX – Direito das obrigações*, 3ª ed., Coimbra, 2017.

— *A reforma francesa do Direito das obrigações*, RDC II (2017), 1, 9-29.

— *Tratado de direito civil português*, II, 4ª ed., Coimbra, 2014.

— *O princípio da boa-fé e o dever de renegociação em contextos de "situação económica difícil"*, em CATARINA SERRA (org.), *II Congresso de direito da insolvência*, Coimbra, 2014, 11-68.

— *Tratado de direito civil*, I, 4ª ed., Coimbra, 2012.

— *Direito das sociedades*, vol. I, 3ª ed., Coimbra, 2011.

— *Manual de direito das sociedades*, vol. II, Coimbra, 2007.

— *A declaração de não-cumprimento da obrigação*, O Direito, ano 138, I, 2006, 25-38.

— *A modernização do direito das obrigações*, ROA Ano 62, Vol. III, Dez. 2002, disponível em https://portal.oa.pt/comunicacao/publicacoes/revista/

ano-2002/ano-62-vol-iii-dez-2002/artigos-doutrinais/antonio-menezes-cordeiro-a-modernizacao-do-direito-das-obrigacoes/.

— *A "impossibilidade moral": do tratamento igualitário no cumprimento das obrigações*, em *Estudos de direito civil*, vol. I, 2ª reimpr., Coimbra, 1994, 97-114.

— *Violação positiva do contrato (Acórdão do Supremo Tribunal de Justiça de 31 de janeiro de 1980)*, em *Estudos de direito civil*, vol. I, Coimbra, 1991, 115-142.

— *Da boa fé no direito civil*, Coimbra, 1984.

Correia, A. Ferrer – *Erro e interpretação na teoria do negócio jurídico*, 3ª ed., Coimbra, 1985.

Costa, Mário Júlio de Almeida – *Direito das obrigações*, 12ª ed., Coimbra, 2012.

Cristas, Assunção – *Incumprimento contratual. O Código Civil Português e o DCFR – notas comparadas*, em *Estudos em homenagem ao Professor Doutor Carlos Ferreira de Almeida*, vol. II, Coimbra, 2011, 239-266.

Cunha, Carolina – *A exclusão de sócios (em particular nas sociedades por quotas)*, em *Problemas do direito das sociedades*, Coimbra, 2002, 210-233.

Delfini, Francesco – *I patti sulla risoluzione per inadempimento*, Milano, 1998.

Dray, Guilherme Machado – *Breves notas sobre o ideal de justiça contratual e a tutela do contraente mais débil*, sep. dos *Estudos em homenagem ao Professor Doutor Inocêncio Galvão Telles*, vol. I, Coimbra, 2003, 94 ss.

Di Majo, Adolfo – *Recesso e risoluzione del contratto nella riforma dello Schuldrecht: al di là dell'inadempimento colpevole*, Europa e diritto privato, nº 1, 2004, 13-31.

Díaz Alabart, Silvia – *Pacta sunt servanda e intervención judicial em el equilíbrio de los contratos: reflexión sobre la incidencia de la ley de condiciones generales de los contratos*, em *Condiciones generales de la contratación y cláusulas abusivas*, Valladolid, 2000, 47-73.

Duarte, Rui Pinto – *O equilíbrio contratual como princípio jurídico*, em *Estudos em memória do Conselheiro Artur Maurício*, Coimbra, 2014, 1331-1345.

Eidenmüller, Horst – *Neuverhandlungspflichten bei Wegfall der Geschäftsgrundlage*, ZIP 13/1995, 1063-1071.

Engisch, Karl – *Introdução ao pensamento jurídico*, 3ª ed., Lisboa, 1972.

Faria, Jorge Ribeiro de – *A natureza do direito de indemnização cumulável com o direito de resolução dos artigos 801º e 802º do Código Civil*, em *Estudos de direito das obrigações e discursos académicos*, Porto, 2009, 25-62.

— *A natureza da indemnização no caso de resolução do contrato. Novamente a questão*, em *Estudos de direito das obrigações e discursos académicos*, Porto, 2009, 139-199.

— *Direito das obrigações*, Coimbra, 1990.

FARRAJOTA, JOANA – *Resolução sem fundamento*, Coimbra, 2015.

FIKENTSCHER, WOLFGANG/HEINEMANN, ANDREAS – *Schuldrecht – Allgemeiner und Besonderer Teil*, 11ª ed., Berlin, 2017.

FORTINI, CRISTIANA/PIRES, PRISCILA GIANNETTI CAMPOS – *Equilíbrio econômico-financeiro nas parcerias público-privadas*, Revista de Contratos Públicos, n.8 (mai.-ag. 2013), 25-57.

FRADA, MANUEL CARNEIRO DA – *Sobre a interpretação do contrato*, em *Estudos em homenagem a Miguel Galvão Telles*, vol. II, Coimbra, 2012, 975-984.

— *A business judgement rule no quadro dos deveres gerais dos administradores*, em *Jornadas sociedades abertas, valores mobiliários e intermediação financeira*, Coimbra, 2007, 201-242.

— *Direito civil. Responsabilidade civil. O método do caso*, Coimbra, 2006.

— *Teoria da confiança e responsabilidade civil*, Coimbra, 2004.

— *Contrato e deveres de protecção*, Separata do volume XXXVIII do Suplemento do Boletim da Faculdade de Direito da Universidade de Coimbra, 1994.

DUARTE, RUI PINTO – *A interpretação dos contratos*, Coimbra, 2016.

FRANÇOIS, C. – *Présentation des articles 1224 à 1230 de la nouvelle subsection 4 "La résolution"*, em *La reforme du droit des contrats présentée par l'IEJ de Paris 1*, https://iej.univ-paris1.fr/openaccess/reforme-contrats/titre3/stitre1/chap4/sect5/ssect4-resolution/

GAROFALO, ANDREA – *La causa del contrato tra meritevolezza degli interessi ed equilíbrio dello scambio*, Rivista di Diritto Civile, a.58 n.6 (Novembre-Dicembre 2012), Parte seconda, 573-614.

GAUDAGNO, STEFANO – *Squilibrio contrattuale: profili rimediali e intervento correttivo del giudice, La nuova giurisprudenza civile commentata*, 2015, vol. 31, Fasc. 12, 744 -757.

GILSON, RONALD D./SCHWARTZ, ALAN – *Understanding MACs: Moral hazard in acquisitions*, (fev.-2004), Columbia Law and Economics Working Paper No. 245; Stanford Law and Economics Olin Working Paper No. 278; Yale Law & Economics Research Paper nº 292, disponível em http://ssrn.com/abstract=515105.

GOMES, JANUÁRIO DA COSTA – *Assunção fideijussória de dívida*, Coimbra, 2000.

Gomez Pomar, Fernando/Gili Saldaña, Mª Àngels – *La complejidad económica del remedio resolutorio por incumplimiento contractual. Su trascendencia en el Derecho español de contratos, en la normativa común de compraventa europea (CESL) y en otras propuestas normativas*, Anuario de Derecho Civil, nº 4, 2014.

Houh, Emily M.S. – *The doctrine of good faith in contract law: a (nearly) empty vessel?* (2005). Faculty Articles and Other Publications. Paper 103. http://scholarship.law.uc.edu/fac_pubs/103, pp. 5 ss.

Hunter, Howard – *Commentary on the renegotiation of contracts*, (1998). Journal of Contract Law. 13, (3), 205-209. Research Collection School of Law, disponível em http://ink.library.smu.edu.sg/sol_research/164.

Jorge, Fernando Pessoa – *Lições de direito das obrigações*, Lisboa, 1975-1976.

Júnior, Eduardo Santos – *Sobre a teoria da interpretação dos negócios jurídicos. Estudo de direito privado*, Lisboa, 1988.

Kaiser, Dagmar – *Die Rechtsfolgen des Rücktritts in der Schuldrechtsreform*, JZ 21/2001, 1057-1070.

Kiene, Sörren Claas – *Vertragsaufhebung und Rücktritt des Käufers im UN--Kaufrecht und BGB. Eine rechtsvergleichende Untersuchung*, Münster, 2009.

Krebs, Markus – *Die Rückabwicklung im UN-Kaufrecht*, München, 2000, 21.

Lanzillo, Rafaella – *La proporzione fra le prestazione contrattuali: corso di diritto civile*, Padova, 2003.

Larenz, Karl – *Metodologia da ciência do direito* (trad. port. da 6ª ed. alemã de 1991), Lisboa, 1997.

— *Die Methode der Auslegung des Rechtsgeschafts: zugleich ein Beitrag zur Theorie der Willenserklärung*, Frankfurt A.M., 1966.

Lehmann, Heinrich – *Allgemeiner Teil des Bürgerlichen Gesetzbuches*, 14ª ed, Berlim, 1963.

Leitão, Adelaide Menezes – *Revogação unilateral do mandato, pós-eficácia, responsabilidade pela confiança*, em *Estudos em Homenagem ao Prof. Doutor Inocêncio Galvão Telles*, vol. I, Coimbra, 2002, 310-318.

Leitão, Luís Menezes – *Direito das obrigações*, 12ª ed., Coimbra, 2018.

— *Pressupostos da exclusão de sócio nas sociedades comerciais*, Lisboa, 1989.

Leser, Hans – *Lösung vom Vertrag. Eine vergleichende Betrachtung*, em *Recht und Rechtserkenntnis. Festschrift für Ernst Wolf zum 70. Geburtstag*, Köln, Berlin, Bonn, München, 1985, 373-394.

Lima, Fernando Pires de/Varela, João Antunes – *Código Civil anotado*, Vol. II, 4ª ed. Coimbra, 1997.

LOOSCHELDERS, DIRK – *Schuldrecht. Allgemeiner Teil,* 15ª ed., München, 2017.

LORENZ, STEPHAN – *Prospettive del diritto europeo dei contratte: la violazione di un obligo,* Rivista di Diritto Civile, Ano LVI, nº 1 jan.-fev., 2010, 93-114.

LUCANTIONI, PAOLA – *L'inadempimento di non scarsa importanza nell'esecuzione del contratto c.d. quadro tra teoria generale della risoluzione e statuto normativo dei servizi di investimento,* Banca borsa e titoli di credito, Nuova Serie v.63 n.6 (Novembre-Dicembre 2010), Parte seconda, 783-796.

MACARIO, FRANCESCO – *Rischio contrattuale e rapporti di durata nel nuovo diritto dei contratti: dalla pressuppozione all'obbligo di rinegoziare,* Rivista di Diritto Civile, jan.-fev. 2002, 63-95.

MACHADO, JOÃO BAPTISTA – *A cláusula do razoável,* em *Obra dispersa,* I, Braga, 1991, 457-621.

— *A resolução por incumprimento e a indemnização,* em *Obra Dispersa,* I, Braga, 1991, 195-213.

— *Pressupostos da resolução por incumprimento,* em *Obra Dispersa,* I, Braga, 1991, 125-193.

MACIAS, ANTONIO J. – *Risk allocation in acquisitions: the uses and value of MAE-Exclusions,* (out.-2011), disponível em http://ssrn.com/abstract=1392304.

MALAQUIAS, PEDRO FERREIRA/MOURA, MANUEL BARBOSA – *Da materialidade do incumprimento,* Actualidad Juridica nº 39 (2015), http://www.uria.com.

MARTINEZ, PEDRO ROMANO – *Da cessação do contrato,* 3ª ed., Coimbra, 2017.

— *Cumprimento defeituoso,* Coimbra, 2011.

MEDICUS, DIETER/LORENZ, STEPHAN – *Schuldrecht I. Allgemeiner Teil. Ein Studienbuch,* 21ª ed., München, 2015.

MEMMO, DANIELA – *Il nuovo modello tedesco della responsabilità per inadempimento delle obbligazioni,* Contratto e Impresa, Padova, a.20 n.2 (Maggio--Agosto 2004), 797-822.

MILLER, ROBERT T. – *The economics of deal risk: allocating risk through MAC clauses in business combination agreements,* 50 William and Mary Law Review 2007 (2009), disponível em https://ssrn.com/abstract=1375143.

MONTEIRO, ANTÓNIO PINTO – *Contrato de agência. Anotação,* Coimbra, 8ª ed., 2017.

— *Cláusulas limitativas e de exclusão da responsabilidade civil,* 2ª reimpr. da ed. 1985, Coimbra, 2011.

— *Contratos de distribuição comercial,* Coimbra, 2009.

— *Denúncia de um contrato de concessão comercial,* Sep. RLJ, Coimbra, 1998.

MONTEIRO, ANTÓNIO PINTO/GOMES, JÚLIO – *A "hardship clause" e o problema da alteração das circunstâncias (breve apontamento),* em *Juris et de juris. Nos 20 anos da Faculdade de Direito da Universidade Católica Portuguesa – Porto,* Porto, 1998, 17-40.

— *Rebus sic stantibus – Hardship clauses in Portuguese Law,* European Review of Provate Law 3:319-332 (1998).

NANNI, LUCA/COSTANZA, MARIA/CARNEVALI, UGO – *Della risoluzione per inadempimento,* t. I, 2. Artt. 1455-1459, em *Commentario del Codice Civile Scialoja-Branca,* Bologna, 2007.

NELLE, ANDREAS – *Neuverhandlunfspflichten,* München, 1993.

NEVES, A. CASTANHEIRA – *O actual problema metodológico da interpretação jurídica – I,* Coimbra, 2003.

NORONHA, JOÃO ESPÍRITO SANTO – *Exoneração do sócio no direito societário-mercantil português,* Coimbra, 2014.

NUNES, J. AVELÃS – *O direito de exclusão de sócios nas sociedades comerciais* (reimpr. da ed. de 1968), Coimbra, 2002.

OLIVEIRA, ANA PERESTRELO DE – *Grupos de sociedades e deveres de lealdade,* Coimbra, 2012.

OLIVEIRA, MADALENA PERESTRELO DE – *A "inexigibilidade" na relação contratual: interpretação do contrato e heteronomia,* O Direito 145º (2013), III, 523-551.

OLIVEIRA, NUNO PINTO DE – *Princípios de direito dos contratos,* Coimbra, 2011.

— *Estudos sobre o não cumprimento das obrigações,* 2ª ed., Coimbra, 2009.

— *Inexigibilidade judicial do cumprimento de deveres acessórios de conduta?,* Scientia Juridica, Tomo LI, maio-agosto 2002, 295-303.

PEDEN, ELISABETH – *"Implicit good faith" – or do we still need an implied term of good faith?,* (jan. 2009). Journal of Contract Law, Vol. 25, 2009; Sydney Law School Research Paper No. 09/01, disponível em http://ssrn.com/abstract=1326690.

PEREIRA, MARIA DE LURDES – *Conceito de prestação e destino da contraprestação,* Coimbra, 2001.

PEREIRA, MARIA DE LURDES/MÚRIAS, PEDRO – *Obrigações de meios, obrigações de resultado e custos da prestação,* em *Centenário do nascimento do Professor Doutor Paulo Cunha: estudos em homenagem,* Coimbra, 2012, 999-1018.

— *Sobre o conceito e a extensão do sinalagma,* em *Estudos em honra do Professor Doutor José de Oliveira Ascensão,* vol. I, Coimbra, 2008, 379-430.

PIGNALOSA, MARIA PIA – *Clausole di rinegoziazione e gestioni delle sopravvenienze, La nuova giurisprudenza civile commentata* (2015) 31, Fasc. 7/8, 411-437.

PINHEIRO, LUÍS DE LIMA – *Direito comercial internacional,* Coimbra, 2005.

PINTO, CARLOS MOTA – *Cessão da posição contratual,* Coimbra, 1970.

PINTO, PAULO MOTA – *Interesse contratual negativo e interesse contratual positivo,* vol. II, Coimbra, 2008.

PIRES, CATARINA MONTEIRO – *Aquisição de empresas e de participações acionistas. Problemas e litígios,* Coimbra, 2018.

— *Impossibilidade da prestação,* Coimbra, 2017.

— *Breves notas sobre a resolução do contrato por incumprimento no direito português, brasileiro e alemão,* RDC II (2017), 1, 75-96.

— *A prestação restitutória em valor na resolução do contrato por incumprimento,* em *Estudos em homenagem a Miguel Galvão Telles,* vol. II, Coimbra, 2012, 703-722.

— *Resolução do contrato por incumprimento e impossibilidade de restituição em espécie,* O Direito 144º (2012), III, 653 -672.

POOLE, JILL – *Contract law,* 9ª ed., Oxford, 2008.

PROENÇA, JOSÉ CARLOS BRANDÃO – *Lições de cumprimento e não cumprimento das obrigações,* 2ª ed., Porto, 2017.

— *A hipótese da declaração (lato sensu) antecipada de incumprimento por parte do devedor,* em *Estudos em homenagem ao Professor Doutor Jorge Ribeiro de Faria,* Coimbra, 2003, 359-401.

— *A resolução do contrato no direito civil: do enquadramento e do regime,* Coimbra, 1982.

REIS, DAVID NUNES DOS – *A (in)eficácia extintiva da resolução ilícita dos contratos,* RDC III (2018), 3, 615-655.

RIBEIRO, RICARDO LUCAS – *Obrigações de meios e obrigações de resultado,* Coimbra, 2010.

RIPSTEIN, ARTHUR – *Reasonable persons in private law,* em GIORGIO BONGAVANNI *et alii.* (eds.), *Reasonableness and Law,* Heidelberg – London – New York, 2009, 255 ss.

RODOVALHO, THIAGO – *O dever de renegociar no ordenamento jurídico brasileiro,* RJLB ano 1 (2015), nº 6, 1597-1638.

ROWAN, SOLÈNE – *Remedies for breach of contracts. A comparative analysis of the protection performance,* Oxford, 2012.

SAMGERMANO, FRANCESCO – *Il controllo giudiziale dell'equilibrio delle prestazioni contrattuali tra apparente interpretazione correttiva e reale integrazione dell'atto di autonomia privata,* La Nuova Giurisprudenza Civile Commentata, a.31 n.12 (dicembre 2015), Parte seconda, 758-771.

San Miguel Pradera, Lis Paula – *La resolución por incumplimiento en la propuesta para la modernización del derecho de obligaciones y contratos: lo mejor es enemigo de lo bueno,* Anuario de derecho civil, Madrid, t.64n.4 (Octubre--diciembre 2011), 1685-1724.

Scialoja/Branca – *Commentario codice civile,* Bologna, 2007, sub artt. 1455--1459.

Schreiber, Anderson – *Existe um dever de renegociar? Reflexões iniciais sobre as consequências do desequilíbrio contratual,* Revista do Advogado, São Paulo, a.36 n.131 (out. 2016), 21-30.

Scognamiglio, Claudio – *Interpretazione e interessi dei contraenti,* Milano, 1992.

Schwartz, Andrew A. – *A "standard clause analysis" of the frustration doctrine and the material adverse change clause,* (set. 2009). UCLA Law Review, Vol. 57, 2010; U of Colorado Law Legal Studies Research Paper Nº 09-15, disponível em http://ssrn.com/abstract=1466131.

Sepe, Simone M. – *Good faith and contract interpretation. A law and economics perspective* (ag.-2010), SIena Memos and Papers in Law & Economics – SIMPLE Paper No. 42/06; Arizona Legal Studies Discussion Paper No. 10-28, disponível em http://ssrn.com/abstract=1086323.

Serra, Adriano Vaz – *Resolução do contrato,* BMJ nº 68 (1957), 153-289.

— *Impossibilidade superveniente. Cumprimento imperfeito imputável ao devedor,* BMJ 47 (1955), 5-97.

Sicchiero, Gianluca – *Buona fede e rischio contrattuale,* Contratto e impresa, ano XXII (2006), 919-943.

Silva, João Calvão da – *Sinal e contrato-promessa,* 13ª ed., Coimbra, 2010.

— *Não cumprimento das obrigações,* em *Comemorações dos 35 anos do Código Civil e dos 25 anos da reforma de 1977,* vol. III, Coimbra, 2006, 483-494.

Speidel, Richard E./Ayres, Ian – *Contract law,* 6ª ed., New York, 2003.

Sousa, Miguel Teixeira de – *Introdução ao Direito,* Coimbra, 2012.

— *O cumprimento defeituoso e a venda de coisas defeituosas,* em *Ab Uno ad Omnes, 75 anos da Coimbra Editora,* Coimbra, 1998.

Squilacce, Adriano/Pinto, Alexandre Mota – *A resolução ilícita: uma contradição nos termos?,* Actualidad Jurídica Uría Menéndez 28-2011, disponível em https://www.uria.com.

Telles, Inocêncio Galvão – *Direito das obrigações,* 7ª ed., Coimbra, 1997.

TRIFIRO, STEFANO – *Clausola risolutiva espressa*, Rivista di diritto privato, nº 3 (1989), 685-701.

TURCO, CLAUDIO – *L'imputabilità e l'importanza dell'inadempimento nella clausola resolutiva*, Torino, 1997.

VASCONCELOS, PEDRO PAIS DE – *A natureza das coisas*, em *Estudos em Homenagem ao Professor Doutor Manuel Gomes da Silva*, Coimbra, 2001, 707-764.

— *Teoria geral do Direito civil*, Coimbra, 2010. 8ª ed. 2015.

— *Concertação de acionistas, exoneração e OPA obrigatória em sociedades abertas*, DSR março 2010, ano 2, vol. 3, 11-48.

— *O efeito externo da obrigação no contrato-promessa, Colecção Scientia Iuridica*, Braga, 1983.

VENTURELLI, ALBERTO – *Clausola di* "hardship", em MASSIMO CONFORTINI, *Clausole negoziali. Profili teorici e applicativi di clausole tipiche e atipiche*, Vicenza, 2017, 1035-1053.

VICENTE, DÁRIO MOURA – *Direito Comparado*, Vol. II, Obrigações, Coimbra, 2017.

VIOLA, FRANCESCO – *Ragionevolezza, cooperazione e regola d'oro*, Anuario di ermeneutica giuridica, *Ragionevolezza e interpretazione*, Milano, 2002, 109-129.

ZAMIR, EYAL, – *The Inverted Hierarchy of contract interpretation and supplementation*. Columbia Law Review, Vol. 97, No. 6, 1997. Disponível em https://ssrn.com/abstract=1097642.

ÍNDICE